U0795448

好书精读 Master 15'

商业新闻出版公司和轻松读文化事业有限公司提供内容支持

王者之道

做一家超成功的企业

轻松读大师项目部　编

中国盲文出版社

图书在版编目（CIP）数据

王者之道——做一家超成功的企业：大字版 / 轻松读大师项目部编. —北京：中国盲文出版社，2017.3
ISBN 978－7－5002－7803－0

Ⅰ.①王…　Ⅱ.①轻…　Ⅲ.①企业管理　Ⅳ.①F272

中国版本图书馆 CIP 数据核字（2017）第 062576 号

本书由轻松读文化事业有限公司授权出版

王者之道——做一家超成功的企业

编　　者：轻松读大师项目部
出版发行：中国盲文出版社
社　　址：北京市西城区太平街甲 6 号
邮政编码：100050
印　　刷：北京汇林印务有限公司
经　　销：新华书店
开　　本：787×1092　1/16
字　　数：85 千字
印　　张：13.75
版　　次：2017 年 3 月第 1 版　2017 年 4 月第 1 次印刷
书　　号：ISBN 978－7－5002－7803－0/F·138
定　　价：46.00 元
销售热线：（010）83190297　83190289　83190292

出版前言

数字文明为我们求知问道、拓展格局带来空前便利，同时也使我们深受信息过剩、知识爆炸的困扰。面对海量信息，闭目塞听、望洋兴叹固非良策，不分主次、照单全收更无可能。时代快速变化，竞争不断升级，要想克服本领恐慌，防止无知而盲、少知而迷，需尽可能将主流社会的最新智力成果内化于心、外化于行，如此才能更好地顺应时代，提高成功概率。为使读者精准快速地把握分散在万千书卷中的新理念、新策略、新创意、新方法，我们组织编写了这套《好书精读丛书》。

这套书旨在帮助读者提高阅读质量和效率。我们依托海内外相关知识服务机构十多年的持续积累，博观约取，从经济管理、创业创新、投资理财、营销创意、人际沟通、名企分析等方面选取数百种与时俱进又经世致用的好书分类整合，凝练出版。它们或传播现代经管新知，或讲授实用营销技巧，或聚焦创新创业，或分析成功者要素组合，真知云集，灼见荟萃。期待这些凝聚着当代经济社会管理创新创意亮点的好书，能为提升您的学识见解和能力建设提供优质有效便捷的阅读资源。

聚焦对最新知识的深度加工和闪光点提炼是这套书的突出特点。每本书集中解读4种主题相关的代表性好书，以“要点整理”“5分钟摘要”“主题看板”“关键词解读”“轻松读大师”等栏目精炼呈现各书核心观点，崇真尚实，化繁为简，您可利用各种碎片化时间在赏心悦目中取其精髓。常读常新，明辨笃行，您一定会悟得更深更透，做得更好更快。

好书不厌百回读，熟读深思子自知。作为精准知识服务的一次尝试，我们期待能帮您开启高效率的阅读。让我们一起成长和超越！

目 录

亚马逊原本只是一家网络书店，但是眼光长远的杰夫·贝佐斯希望亚马逊变成顾客想买任何东西，都能买得到的“无所不有的商店”。20年后的今天，亚马逊在顾客的指尖前陈列出数千万种商品，除了图书，还涉足零售、出版、物流、器材装置、服饰和云计算服务。几乎每推出一项服务，就为相关产业带来一次的变革和创新。贝佐斯是如何做到的呢？

网络泡沫破灭之后，思科市值大幅缩水，在经过数轮科技变革后，却依然存活下来，创造出 2 倍营收、3 倍利润，每股收入还翻了 2 倍，并在 2009 年取代申请破产保护的通用汽车公司，成为道琼斯工业平均指数的成分股。思科究竟是如何做到的？许多公司在抉择中左右为难时，思科却在双管齐下，把每个选择都看成可以掌握的机会，不必牺牲任何选项。

大卫·诺瓦克带领百胜餐饮集团旗下140万员工，建构出世界第一的餐饮集团，累积了长期卓越的领导经验。在他的眼中，仅打仗时“身先士卒”还不够，必须要能够领导团队齐心协力朝共同的梦想前进，将愿景落实为可执行的工作，并且获得实质性的成果，其中有相当细致的方法与步骤。

Google 每天可以迅速回应无数次查询,这种神奇能力已经改变了大家寻找资料、了解最新消息的方式。似乎就在一夜之间,Google 已经融入大家的日常生活中,成为不可或缺的一部分。每天有数百万人用超过 100 种语言使用 Google,而且已经把 Google 和互联网视为一体。Google 是如何做到的呢?又有着哪些传奇故事呢?

贝佐斯王者之道

亚马逊称霸云端 14 项领导准则

The Amazon Way

14 Leadership Principles Behind the World's
Most Disruptive Company

原著作者简介

约翰·罗斯曼（John Rossman），毕业于美国俄勒冈州立大学，奥迈企业顾问公司（Alvarez & Marsal）执行董事。2002年起开始担任亚马逊企业应用服务总监，负责开发亚马逊的Merchants@项目，让数百万商家得以通过亚马逊提供商品贩售，而这项业务创造的订单现在已超过亚马逊全部订单的40%。同时负责Target、玩具反斗城、美国西尔斯百货、英国玛莎百货和NBA等企业客户的相关业务工作。

本文编译：黄玩

主要内容

主题看板

满足顾客未说出口的需求和欲望

亚马逊创办人杰夫·贝佐斯说，真正的天才是找出顾客未说出口的需求和欲望，然后开发出一套无人能及的系统，满足这些特定需求。任何让顾客感到失望的产品，都会从网站上移除。

亚马逊原本只是一家网络书店，但是眼光长远的杰夫·贝佐斯不只想要这样，他希望亚马逊变成顾客想买任何东西，都能买得到的“无所不有的商店”。

果然，在20年后的今天，亚马逊在顾客的指尖前陈列出数千万种商品，除了图书，还涉足零售、物流、器材装置、服饰和云计算服务等。并且，几乎每推出一项服务，就为相关产业带来一次的变革和创新。

以顾客为中心的管理风格

杰夫·贝佐斯是如何做到的？亚马逊的成功秘诀是什么呢？2002年起开始担任亚马逊企业应用服务总监的约翰·罗斯曼最了解其中真相。2003年1月在他任职未满一年的一场会议上，杰夫·贝佐斯质问他："第一年有多少商家上线？告诉我数字！"他勉强吐出"6家"之后，便迎来贝佐斯的一阵咆哮。

在接下来的5分钟里，杰夫·贝佐斯细数了罗斯曼所有罪状，说他没有以顾客为先，没有完全担负起整个项目和成果的责任，没有为自己和团队设定更高的标准，没有胸怀大志，没有以实际行动履职，对自己的缺失没有进行严格的自我批判，等等。说罢，会议随即结束。

罗斯曼深受震撼，他也很清楚杰夫·贝佐斯脾气暴躁。事后回想，与其说这场训斥是羞辱或是杰夫·贝佐斯借此显示他的地位，不如说是把罗斯曼面临的处境当作机会教育，对在场的其他领导干部灌输一整套价值、策略及运作理念。

值得学习的亚马逊经验

若干年后，罗斯曼成为一家顾问公司的执行董事。在面对形形色色的客户，从科技、制造到零售，甚至是公益组织提出的各种挑战时，他发现自己引用的策略、管理技巧和方法，几乎全是源自在亚马逊曾经有过的经验。禁不住同事的劝说，他决定将他在亚马逊学到的理念、教训、策略和方法以及观察及操作的实务撰写成书。

有趣的是，即便离开亚马逊将近 7 年之久，罗斯曼仍丝毫不费力地归纳出 14 项领导准则。虽然一部分原因是 2003 年那次令人难忘的会议，但更重要的是，亚马逊这 14 项领导准则是很务实的。在面临取舍、决定轻重缓急、制订策略或关键场合中，这些准则不仅可以被应用，而且是每个领导干部年终考核及自我评鉴的核心项目。

没有公司会说它们把顾客摆在第二位，但是时时以顾客为先就意味着，你想得很深入，从未忘记这点，并且把这点当作所有一切的出发点。罗斯曼揭示的这些准则，确确实实驱动亚马逊以顾客为核心，让一家网络书店变成无所不有的商店。如果你也重视顾客的需求和欲望，杰夫·贝佐斯与亚马逊的经营理念绝对值得你去学习。

轻松读大师

一　以顾客为先

亚马逊的领导干部和经理人总是从顾客开始倒推回来进行逆向操作。他们观察竞争者时，总是以顾客为先。

亚马逊创办人杰夫·贝佐斯说，真正的天才有能力把自己想象成顾客，找出顾客未说出口的需求和欲望，然后开发出一套无人能及的系统，并满足这些特定需求。这种做法撑起亚马逊的所有一切——把顾客放在第一位。

杰夫·贝佐斯总是把关于顾客的2个真相挂在嘴边：

1

当你让顾客不高兴时，他就会把这件事告诉许多人——所以千万别这样。

2

最棒的顾客服务就是不需要任何服务——所有一切完美运作。

这就是亚马逊总是努力想出顾客喜爱的构想，而不是花钱做广告的原因。例如亚马逊在2000年11月推出了“超省钱免运费项目”。它原本只适用于100美元以上的订单，但是由于它创造出相当多的口碑推荐，亚马逊就把它扩大了。这项策略在当时看起来有点疯狂和危险，但是现在的顾客都会期待免运费和更多优惠。

杰夫·贝佐斯多次表明他真的不担心亚马逊得到的利润。他只想创造自由现金流来资助未来的成长。他试着利用飞轮效应来驱动亚马逊的业务增长，迈向过去不曾达到的水准。

他提到，顾客体验和顾客成长在一种良性循环下相互促进，看起来就像这样：

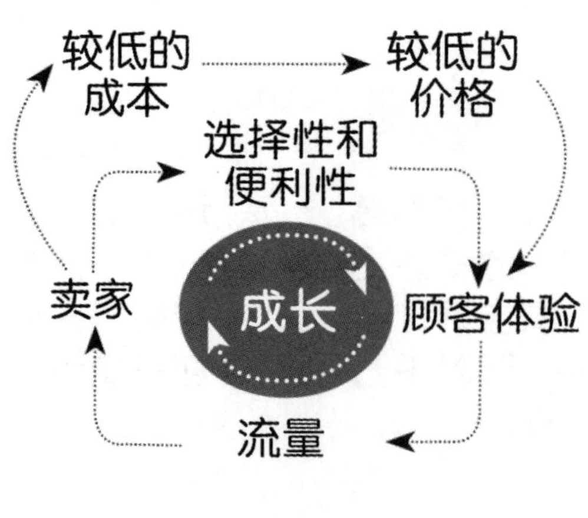

当亚马逊每一次进入新市场时，批评家都会质疑它能否成功，但是它都成功了。该公司的箴言就是它所谓的“三位一体”，即以绝佳的价格和快速、便利的供货能力，提供广泛的商品选择。

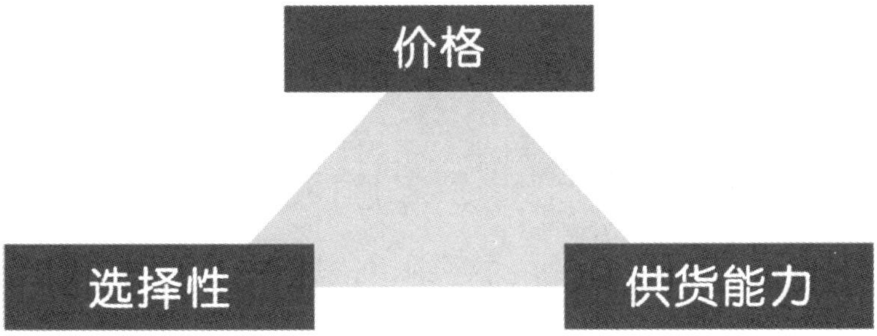

关键思维

在过去的世界，你奉献自己30%的时间建立一项伟大的服务，再花费70%的时间四处叫卖。在全新的世界，则刚好相反。

——杰夫·贝佐斯

亚马逊根据“三位一体”原则建立它整个的经营模式：

（1）价格——亚马逊的低价格策略是如此证据确凿，大家都知道它想做什么。杰夫·贝佐斯一直都在明确表示，他愿意在短期内就某件商品少赚一点，以确保业务的长期增长。他确信互联网未来将达到无法想象的高度和范围。他看的是长期表现。

（2）选择性——杰夫·贝佐斯总是坚定地表示，要让亚马逊成为顾客购买任何商品的来源。他真的想让亚马逊变成“无所不有的商店”。对于亚马逊本身没有卖的东西，他会通过亚马逊的第三方市集让它可以被取得。

（3）供货能力——每当亚马逊得到一份顾客订单，它会明确列出预定送达的时间（这在内部被称为“承诺”）。公司会采取极端措施履行承诺，即便亚马逊得花钱，也会努力做到。

任何品质欠佳、延迟送达或因任何理由而让顾客感到失望的产品，亚马逊都会从网站上移除。这种做法明确展现该公司不论是在内部还是在外部，都是完全以顾客为核心。这项原则同样适用于使用亚马逊平台的第三方供应商。

杰夫·贝佐斯为人所知的是，他会带一把空椅子到会议室，借此不断提醒经理人，顾客的需求必须被认知及听见。亚马逊所有经理人每年都得参加两天的客服电话培训，而杰夫·贝佐斯本人则会定期接听亚马逊的客服电话。最后的结果是连公司的资深主管也都可以听到顾客的声音。

关键思维

如果你关注竞争者，你就必须等到有竞争者做了某件事才能采取行动；关注顾客则可以让你更有开创性。

——杰夫·贝佐斯

拓展业务的方法有两种：盘点你擅长的事物然后通过你的技能向外拓展；或是确认顾客的需要再反过来逆向操作，即便这样做需要学习新技能。

——杰夫·贝佐斯

亚马逊的领导干部努力让自己的思考变得十分清晰——不仅对于他们决定的事物要清晰，而且对于他们作出决定的原因也要很清楚。这种对于清晰度的要求创造出一个组织，让成员的行动都会依据一套特定的理念以及一套始终如一的价值观和原则。这是一种先取得正确细节再成功扩大业务规模的方法。

——约翰·罗斯曼

二　对结果负责

亚马逊的领导干部，其行为举止就像自己是负责人一般。他们进行长远思考而且不会说“那不关我的事”。他们总是代表整个公司行动。

杰夫·贝佐斯是一个能以负责人而非租借者的角色面对任何经营状况的完美典范。他仍拥有亚马逊20％的股份，会根据几年或几十年的情况来思考，而不只是看眼前这一季的成果。他十分乐意下长期的赌注，然后培育它们，使它们趋于成熟。

那么亚马逊如何在长期的承诺和短期必要的成果间取得平衡呢？亚马逊采取的行动如下：

（1）亚马逊尝试雇用适当的人才——招募并留住高绩效人才。

（2）亚马逊灌注了一种责任感——采用一种

称为“开诚布公”的理念。它的根本意义是对自己项目的过失、错误和限制以及成就，都必须近乎残酷地诚实以对。当杰夫·贝佐斯要求就某项目进行报告时，他只想听到：

◎这是不成功的地方。

◎这是不成功的原因。

◎这是我们将要作的改变。

（3）所有员工很快就会了解亚马逊的普遍心态，那就是：“没错，这是你的工作。”——因此他们在解决问题时会变得积极主动，而不是期待别人来完成。如果员工发觉某件事会影响到顾客体验，他们可以立即动手修正，而不必征求同意。

（4）亚马逊的员工也会辨认自己的依赖性并不屈不挠地处理它——他们会留下一些回转余地，万一事情出错，公司仍然可以对顾客兑现承诺。这项原则也包括管理你的团队并给予指导。指导是否成功也是员工年度考核的关键指标。

（5）亚马逊的薪酬机制是奖励长期思考，原则上员工得到的是股票选择权，而不是优渥的薪资或超额的津贴。

关键思维

我们知道自己的成功大部分取决于我们招揽及留住积极员工的能力，他们每个人都必须像个负责人一样思考，并且因此真的变成一个负责人。

——杰夫·贝佐斯

三　发明和简化

亚马逊的领导干部会大胆创新以简化流程。他们到处寻找构想，不会有“非我发明就不用”的想法。

亚马逊销售的商品，比排名在它之后的 12 家最大的竞争者加起来还要多。它的业务增长甚至比整个互联网销售业务还快。它是如何做到的呢？

亚马逊大举创新，要求员工进行创新设计，为数百万顾客和数万名伙伴谋求改善。在亚马逊，你的工作绝对不会只是维持现状。公司期待你找出方法来提升顾客体验及降低成本。这种心态甚至也延伸到亚马逊的工程师，他们认为自己是问题解决专家而不是程序编码员。每个人都想提出真正能颠覆一切的事物，而不只是暂时性的修补。

亚马逊商务平台的首要重点就是赋能。它们赋予人们能力，使人们可以撰写及销售书籍、向亚马逊的顾客进行营销、利用亚马逊的科技以及借用亚马逊的运算能力。让这些平台可供取用，亚马逊就可以在自给自足的良性循环下成长。

有趣的是，亚马逊总是从使用者倒推回来设计它的平台。政策、规则、流程、运算法和科技全都被简化，以创造无缝的使用者体验。一直被提出和解决的问题总是："如果我必须让这个流程完全自动化并排除所有的人工步骤，我该如何设计呢？"

发明和简化是抑制官僚作风蔓延的理想手段。例如，当亚马逊设法执行一些必须实现的根本任务而电脑却无法妥善处理时，它通常都会激励它的顾客和伙伴来加以完成。使用别人的成果来达成优良的效果，不只让亚马逊受益，同时也提高了顾客的参与度。

当亚马逊学习如何做更多事的时候，它也定期地创造了许多平台，并且通过提供这些技能给其他人来赚钱。这种运作模式已经一再重复地施行，并且是亚马逊持续成长的关键动力。发明一个平台并让它保持简单，这已经造就亚马逊内部许多繁荣的业务。譬如亚马逊网站服务在 2012 年创造出 38 亿美元的营收，以一个独立企业来看，具有 200 亿到 300 亿美元的价值。

关键思维

当一个程序被自动化之后，它不仅可以轻易地扩大规模，而且也更易于评估；而手工的劳动，即便一开始看似微不足道，还是会演变成一种昂贵、无法扩大规模且无法实时的技能。这就是自动化、运算法和科技架构会成为 Kindle、亚马逊土耳其机器人、第三方卖家、亚马逊履约服务和亚马逊网页服务等平台业务扭转战局的原因。

——约翰·罗斯曼

四　领导干部是对的——通常如此

亚马逊的领导干部清楚界定他们的目标，并以指标确认自己是否正确。他们不会一再重复犯下相同的错误。

亚马逊领导干部做对的次数远比做错的次数要多。如果他们真的出现了任何失误，也希望他们能从错误中学习，从这些错误中发展出一些卓越的见解，再与公司的其他人进行分享，以期同样的错误不会再出现。

亚马逊的管理会议不允许使用演讲软件，要求领导干部把他们的想法写成两页篇幅的讲稿。然后，在会议一开始，把这份两页的文件分发给大家。每个人在讨论这个想法之前，都会静静地坐着读完它。

为了进一步厘清想法，亚马逊的领导干部会

同时使用一种“未来新闻发布会”的做法，阐述项目的愿景声明。

未来新闻发布会就是针对项目达成宗旨和目标后的情况，进行简短、简单以及清楚的叙述。

该发布会想象当项目开花结果后，应该如何描述开发的内容、它对顾客的重要性，以及它所达成的目标。

这个未来新闻发布会强迫你列出引领自己迈向成功（但愿如此）的指标和原则。它也强迫你使用清楚且不容置疑的语言厘清自己的目标。它是实现目标的有用工具。

在亚马逊，人们不会掩盖成功或失败。员工知道自己该负责的指标是哪些。他们要不就是达成指标，要不就是未达成。指标和成果才是最重要的，而不是意愿。用这种方式以数字为导向，官僚作风就消失了，内部政治淡化到无足轻重，真正做到用人唯才，让最佳构想得以胜出。每个领导者都可以精准回答一个非常基本的问题：

“我今天过得好吗？”

在亚马逊，用数字进行领导是有用的。这也是该公司一直不断地开发更新、更好的记分板，用来评估自己即时绩效的原因。

关键思维

当你必须用完整的句子和完整的段落写出自己的想法时，它就会促进更清晰的思考。相反，在使用演讲软件的典型说明会上，你获得的信息很少，你只会得到一些要点。这种方式对陈述者来说很方便，但是却会让听众难以理解。

——杰夫·贝佐斯

五 雇用并培养最佳人才

亚马逊的领导干部试图提高雇用新人的标准。他们肯定人才、辅导员工，并且乐意让杰出人才在组织内到处历练。

亚马逊的聘用流程是出了名的严苛。新进员工可能要在5周至6周的时间内，经历20场或更多场面试，才知道自己是否被录用，这在亚马逊是稀松平常的事。这件事对于找工作的人来说是件苦差事，而且负责面谈的人员也必须针对他们的印象，填写大量资料，以及推荐与否的意见。这些资料会立即提供给下一回合的面试官，让他们留意可能的顾虑，并且再进一步探询。

杰夫·贝佐斯早期会亲自签署每位新人的雇用文件。现在已经无法这么做了，所以他创造了所谓的亚马逊“把关者”。把关者是最后一道防线，目的是确保公司雇用的都是聪明人。把关者的任务就是确保下一次的雇用可以提升亚马逊整体的智商、本领和能耐。

把关者对于任何候选新进人员的雇用享有否决权。他为聘雇流程带来全新的眼光和没有偏见的观点，确保公司雇用的都是顶尖的人才。被指派担任把关者是一项莫大的荣耀，而指派则是根据你过往雇用人员的成功率和留任情况。

一旦有人被亚马逊雇用，他们都会被期许成为A级员工。这家公司完全不在乎B级和C级员工的离开。亚马逊的薪资政策是支付相当低的薪资，但是给付很多的股票选择权。这些股票选择权大多是给A级员工的，B级和C级员工只能分到一些“碎屑”，再加上缺少晋升的机会，也就表示B级和C级员工会了解其中内涵然后另谋高就。这同时也确保亚马逊员工都能怀有强烈的责任感。

关键思维

即便你不是把关者，你在聘雇流程中的角色仍然至关重要。杰夫·贝佐斯经常告诉大家，一个雇用决策可能就是我们身为组织一员所能作的最重要决策。我们都知道，每位成功候选人的职业生涯都和我们密不可分。而这一点毫无疑问就对追求卓越具有最有效的驱动作用。

——约翰·罗斯曼

杰夫·贝佐斯从一开始就了解，任用能够帮助他实现创造文化的人作为亚马逊的种子，是一件多么重要的事——你的员工就是你的公司。因此，他的标准高得惊人。如同杰夫·贝佐斯经常说的，宁可让好员工离开，也不要用错人还得去清理后果。为什么呢？因为摆脱一个误用的人是个困难、耗时且昂贵的过程，同时，也会因为他们的失误，拖累周围使出全力保持公司持续成长和改进的人。

——约翰·罗斯曼

六　坚持最高标准

亚马逊的领导干部设定不合理的高标准，并且要求持续增多。他们驱使每个人去解决问题并且不断产出更高的品质。

亚马逊期许每位员工都能像领导者一样思考和行动。这样一来，就会迫使每个人持续改进自己的作为并且再多做一点。对公司而言，这就是一种威力倍增器。

为了确保在实际作业中能够实现这点，亚马逊使用了简称为 SLA 的“服务水准协定”。一份服务水准协定要清楚列出使用时的输入、输出和指标，以及某一项特定服务应该维持的确切标准。简而言之，服务水准协定为亚马逊提供给内部及外部顾客的所有服务定义预期的状态。

例如，亚马逊有一份服务水准协定指出，网

站中表现最差网页的下载时间必须等于或短于3秒钟，并且要让顾客在0.1个百分点的时间内就能够体验到（亚马逊的指标显示每0.1秒的延迟，顾客活动就会往下掉一个百分点）。这份服务水准协定清楚并精确地规定网站必须如何表现。

这些服务水准协定每周都会被检讨。造成失败的根本原因都会被分析和讨论。计划的修补措施会经过核准并追踪其结果。亚马逊会即时追踪这类细节，也会让管理者取得这些结果。这种方式会让资深领导团队对组织的整体状况获得一个非常清楚的概念。可以想象到的是，这些服务水准协定在公司内部都会经过激烈的争论。

服务水准协定和追踪它们的严苛方法反映了亚马逊的指标和绩效文化。基本上所有的一切都会被追踪和分析，然后逐步地加以改善。公司也会尝试以极快的速度完成一切工作，创造一种新创事业的心态。亚马逊会设定高得离谱的标准，然后疯狂地去努力实现。

杰夫·贝佐斯持续加压的理由极为清楚。在2012年，亚马逊网站宕机49分钟，造成亚马逊大约损失570万美元的营业额。这就是杰夫·贝佐斯持续催促每个人要有所表现的原因。

这也是杰夫·贝佐斯坚持每个人举止都要像负责人的原因。要在亚马逊顺利发展，你就必须从长远看待自己所做的一切。你必须觉得自己和某个改变世界的事物有关，否则你就无法生存。

关键思维

在一位新人被雇用5年之后，他应该会有这样的想法："我很庆幸当时被录用了，因为现在的我是不会被录取的。"

——杰夫·贝佐斯

七　胸怀大志

亚马逊的领导干部持续寻找大胆的新方法，提供给顾客更好的服务。他们采取另类的思考方法，并且信心十足地往新方向前进。

自从亚马逊成立以来，它从来不曾把短期利润看得比创造价值和长期成长还重要。对杰夫·贝佐斯而言，协助亚马逊维持低利润是毫无妥协空间的。如果你想和亚马逊竞争，你就必须在价值上打败它——这是极其困难的事。

杰夫·贝佐斯用“自由现金流”（FCF）来总结他要用亚马逊的经营模式达成的目标。自由现金流就是亚马逊自己使用的主要财务指标。亚马逊使用下列方式思考自由现金流：

（1）用你的现金总额减去资本支出，这就是你的自由现金流。

（2）这笔自由现金流代表一笔现金额度，你可以用来创造新事业，可以投资在把工作做得更好的新科技、支付债务或是推出新业务方面。

（3）自由现金流也可以用来资助维持亚马逊成长所必需的持续创新。

虽然亚马逊的投资人会抱怨这种方式忽略了该支付给他们的股利（这是亚马逊从未做过甚至从来不曾考虑过的做法），但这使得该公司可以持续拓展成为全世界最具有主宰力的企业。在许多网络公司经历由盛转衰的时期，自由现金流让亚马逊仍然有办法存活。在杰夫·贝佐斯看来，那些公司太重视短期利润，疏于创造长期的价值。

杰夫·贝佐斯还把另一项理念注入亚马逊员工的身上。他把它称为“遗憾最小化机制”。它的运作方式如下：

（1）想象你已经80岁。

（2）当你回顾自己的人生时，你会遗憾自己没做过或没尝试过什么吗？

(3) 现在就赶紧去从事所有那些事，这样当你真的 80 岁时，你就不会再有那些遗憾。

关键思维

利润百分比不是我们寻求最佳化的对象之一。每一股有多少实际金额的自由现金流才是你想最大化的对象。如果通过降低利润可以达成，我们就会这么做。自由现金流是投资人可以拿来花的。百分比连小额账单都无法支付——现金才可以！你想成为一家营业额 2 亿美元而利润率达 20％的公司，还是一家营业额 100 亿美元而利润率是 5％的公司呢？我知道我想要的是哪一种！

——杰夫·贝佐斯

采取长期的观点，顾客和股东的利益就会一致。

——杰夫·贝佐斯

八　偏好采取行动

亚马逊的领导干部偏好接受计算过的风险。如果有疑虑就去尝试新事物，再看看自己能否从先行者的机会中得到好处。

亚马逊的领导干部愿意采取行动。他们一直都在尝试新事物，而不是深陷过度分析之苦。只要同样的错误不再重复出现，对于尝试新事物时出现初期错误的容忍度就非常高。

亚马逊让这种做法成功的真正秘方就是让每个人学会开发并使用良好的指标。既然公司许多流程已经自动化（流程清楚且透明），尝试新事物的领导干部就可以对现况得到不错的数据。这些数据可以很快告诉你，你在尝试的事情是否有效。

为了鼓励员工冒险并执行新做法，杰夫·贝佐斯和亚马逊会做以下这些事：

◎公司每季度会举办一场全员会议，期间会颁发“勇于行动奖”。奖品本身是一只非常破旧的网球鞋，但是得到它是非常令人羡慕的。这个“勇于行动奖”会颁给偏好采取行动且最为负责、节俭和主动的员工。

◎亚马逊还会颁发“成就奖章”，它在公司内部网络和内部通讯录上是非常明显的标志。这些“成就奖章”被骄傲地展示给全世界，彰显获奖者的高度创新能力。

运用这些或其他方法，亚马逊积极传递一项信息给它的员工，可以冒一些明智的风险然后从结果中学习。杰夫·贝佐斯尊重领导干部有时候必须遵循他们的直觉，未经详细市场研究就去做某些事。关键是使用良好的指标，持续地追踪什么有效以及什么无效。

关键思维

如果你永远不想被批评，那么就别尝试任何新事物。

如果你把每年的实验数目加倍，那么你的创造力也会加倍。

——杰夫·贝佐斯

别害怕失败，亚马逊有一些最佳构想就是来自挫折的灰烬。

——约翰·罗斯曼

不要把简单的事情变困难。

——杰夫·贝佐斯

九　行事要节俭

亚马逊的领导干部不会把钱花在对顾客不重要的事物上。节俭是好事——它孕育出足智多谋、自给自足和创新。

亚马逊非常慎重地守住自己的低成本。主要逻辑是省下来的每一块钱都可以用来投资及拓展业务。这项低成本理念十分流行，从上到下无不奉行。

杰夫·贝佐斯一直坚持亚马逊是一家不需要精心打造的企业总公司。为了贯彻这项诉求，他选择了“门板桌”——找一片门板钉上桌脚，就做出一张桌子了。门板桌成为杰夫·贝佐斯想为亚马逊打造低成本文化的象征。公司到今天还提供一份“门板桌奖”，嘉勉产生构想让公司省钱，并因此让顾客享有更低价格商品的员工。

杰夫·贝佐斯亲自带领大家去寻找可以成为新的节俭象征的机会。在2009年的年度股东大会上，他注意到亚马逊员工自助餐厅里自动贩卖机的灯泡被移除了。杰夫·贝佐斯早就发现公司为了让其他公司的广告更吸睛，每年要支出好几万美元的电费。他很高兴有办法消除这项成本。

不可否认，节俭也有缺点。如果你没有小心留意，可能无意间传达出自己不在乎顾客或员工的信息。许多亚马逊离职员工指出，公司的廉价原则就是他们辞职的原因之一。有的人则认为亚马逊雇用临时工的做法，造成低品质的工作成果和起伏不定的服务品质。

虽然有上述各种状况，亚马逊仍然被认为是顾客服务的黄金标准。这个肯定本身就是一项不可思议的成就，而该公司在持续降低成本的同时，必定也会专心维护这个地位。

关键思维

从密闭盒子逃脱的唯一方法就是发明自己的方法。

——杰夫·贝佐斯

十　出声检讨自己

亚马逊的领导干部不认为自己可以免于批评。他们用最高标准要求自己的绩效，并且解决问题。

亚马逊的领导干部自我批判的程度令人难以置信。对于自己的缺点，他们十分坦然且理智。他们会不断地问：“我们该如何变得更好？”

就亚马逊的说法，这种现象就是愿意“开诚布公”。亚马逊的领导干部在事情不如预期时会大声说出来。比起加以掩盖然后期待事情会消失不见，这样做反而容易多了。在亚马逊，任何人只要试图掩盖就会被要求离开。

这样的心态和性格大部分是由杰夫·贝佐斯导入的。在亚马逊，每个人都知道他是什么样的人——要为每个想买卖东西的人创造一个网络终点站。他亲身参与这个过程，并且期待每个领导干部能与他分享经验。

商界有个证据确凿的现象，那就是成功的公司最后都会因为自大而衰退——也就是领导干部变得傲慢，认为成功是他们应得而不是靠每天的努力赢来的。确保领导干部说出自己的失败，并做好自我批判的准备，这是杰夫·贝佐斯确保亚马逊绝不会变得傲慢自大所使用的工具之一。

杰夫·贝佐斯还有另一项一直运用得很好的工具，就是要求亚马逊的领导干部不断察看四周可能出现的威胁。例如该公司的领导团队认为Google虽然现在看起来像是盟友，但是它是亚马逊的一个长期威胁。Google悄悄但持续地开发相关技能，以便在未来入侵亚马逊的领域。为了予以回应，亚马逊强化了自己的搜索技术，降低对Google的依赖。亚马逊也创造了网页目的地，让顾客可以不用通过Google就可以访问亚马逊网站。杰夫·贝佐斯一直要求，每个人要对亚马逊显著的盲点保持专注。

总之，亚马逊的领导干部有一种健康的偏执。他们进行持续的自我检验。他们寻找不明显的威胁然后加以处理。他们总是在寻找改善方案，也准备好要采取行动。这些都是优秀的做法，结果也让亚马逊得到了莫大的利益。

十一　赢得他人的信赖

亚马逊的领导干部试图保持开放的胸襟、谦卑，并且真心聆听。这种开放的态度让他们容易信任他人并赢得他人的信任。

亚马逊是一家繁荣发展的公司，里面充满了被要求去改变世界的优秀员工。虽然如此，协力合作还是必要的。这项要求有时候会难以实现，但是在亚马逊，领导干部不计较头衔、官方角色就在一起工作，这是稀松平常的事。为什么呢?因为有高度的信任感。

亚马逊“两份比萨团队”的概念很有名——由 6 到 10 个人组成的团队，只要订两份比萨就可以喂饱所有人。两份比萨团队真正可行的关键不在于限制团队的规模，而在于让每个人拥有自主权和责任感。亚马逊成功使用两份比萨团队，给具备远大目标的领导者提供了一个绝佳的胜出机会和一份责任感。

杰夫·贝佐斯大部分的作为和做事方式，为亚马逊的信任气氛作出了贡献。杰夫·贝佐斯在事情出错的时候会非常明确和坦率，但是该公司的工作环境确实会让人产生信任。领导干部赢得自己团队成员的信任，并且获得相同的回报。

关键思维

我们曾经做过价格弹性的研究，答案总是我们应该提高价格。我们不会那样做，因为我们相信——而且我们必须把它当成我们的信条——通过把我们的价格保持得非常非常低，长期下来我们就会赢得顾客的信任，而这种状况确实可以让长期的自由现金流最大化。

——杰夫·贝佐斯

从一开始，我们关注的就是提供给顾客强而有力的价值。我们发觉网络从过去到现在一直都在让全世界等待。因此我们着手给顾客提供一些他们以其他任何方式都无法得到的东西，并开始提供书籍服务。我们提供比任何实体书店更多的选择（我们的书店现在恐怕要塞满 6 个足球场），并且以实用、容易搜索、可轻易浏览的形式，陈列在一家一年 365 天、每天 24 小时都不休息的商店。我们对于改善购物体验保持专注，在 1997 年对我们的商店做了进一步的完善。我们夸张地调低了价格，进一步提升顾客价值。口碑仍然是我们获取顾客的最有力工具，并且由衷感谢顾客给予我们的信任。重复购买加上口碑，让亚马逊成为网络书店的领导者。

——杰夫·贝佐斯

摘自《1997 年给股东的第一封信》

十二　深入探究

亚马逊的领导干部会参与每一项流程的基本细节。他们保持密切联系并寻求尽早解决问题的机会。

每当亚马逊推出任何新措施，杰夫·贝佐斯都会密切观察相关的数据。他会在现场探究、质疑、提问并分析最微小的细节。这种做法让那些造成许多企业无法达成重大进步的官僚作风荡然无存。

这种深入探究而非只抓取事物表象的欲望，和杰夫·贝佐斯禁止内部会议使用演讲软件的做法一致。他想和知道自己在说什么的员工对谈，而不是创造称职假象的人。这种做法也与当责和数据导向型的文化一致。

亚马逊领导干部要使用“5 个为什么”的方

法，探讨任何问题的因果关系。具体方法是：

（1）针对问题写出一段叙述，让大家都专注于同一个议题。

（2）询问："为什么会这样呢?"然后写下你的答案。

（3）询问："真的是因为这个原因吗?"如果不是就回到第二步骤。

（4）一直持续第二和第三步骤，直到每个人都同意你找到根本原因为止。

亚马逊有一项年度计划活动，从8月开始到10月结束。整个组织在此期间深度探究目前的状况以及来年该如何配置资源。在这项计划执行过程中，小组会就其现行的运作、成长机会以及追求这些机会所必需的计划和资源，建立一份6到8页的说明文件。

这些说明文件会再浓缩成2页，供亚马逊的资深S小组阅读。同样，在会议前面的15到30分钟是每个人静静阅读说明文件的时间，接下来是详细且广泛的讨论。如此一来，比起那些只掌握表面细节的经理人，亚马逊的领导干部当然可以作出更深入且信息更充足的决策。

关键思维

许多报道称杰夫·贝佐斯花时间到亚马逊网站的履约中心工作。这不过是一件绝佳的公关噱头而已。事实上，杰夫·贝佐斯通常不会邀请媒体参与这类行程。杰夫·贝佐斯喜欢和时薪员工并肩工作，因为他很好奇他们会说些什么，并且想亲自观察履行订单的流程效率到底如何。

——约翰·罗斯曼

用数学作决策总是胜过意见和判断。大多数公司在有数据作为依据时，仍然根据判断进行决策。

——杰夫·威尔基

亚马逊网站消费者业务资深副总裁

十三　要有担当——提出反对和作出承诺

亚马逊的领导干部有坚定的信念——他们会对自己不同意的事物提出挑战，然后真心诚意地对已经决定的事情作出承诺。

杰夫·贝佐斯形容亚马逊的文化既友善又刺激。他期待员工挑战他和他的想法，并进行强而有力的对话——一种争辩文化。

关键思维

我在亚马逊学到不同意杰夫·贝佐斯和其他资深管理阶层，这不仅对我个人有利（作为一个"负责人"），同时也对我应对顾客、股东和公司所担负的义务有利。杰夫·贝佐斯会说："如果我驱使大家跳下悬崖，那么你们和我同样有错。”在我任职亚马逊网站的那些年当中，我赢得或看到别人赢得和杰夫·贝佐斯论战的次数，和输掉的次数其实不相上下。更重要的是，我向他挑战的意愿鼓舞了其他人采取相同的行动。看到我们互动的员工会鼓起勇气，开始和他及其他人进行同样强而有力的对话——一开始小心翼翼，接下来就自然多了。这是你创造上下一心的健全文化的方法——亲身示范这项原则，不要只是把它贴在墙上。

——约翰·罗斯曼

你很难看到杰夫·贝佐斯对竞争者的行动会有反应。在他内心，他更想做的是根据顾客的需求和经验推出一项新的创新，然后迫使你的竞争者有所回应——即便这项创新陷入苦战或失败。

——约翰·罗斯曼

十四　交出成果

对于品质必须具备的水准，亚马逊的领导干部会专注且即时地提供关键的付出。他们坦然面对挫折，然后成功地攻克难关。

当一天结束时，亚马逊唯一在乎的就是结果。只要你交出耀眼的成果，就算你违反其他所有原则也无所谓，一切都会被原谅。

还有一份临别赠言，那就是切记这些领导原则只是指导准则而不是蓝图。你必须取得常识上的平衡，别以依照食谱烘焙蛋糕的方式来运用它们。

如果你过度偏重亚马逊 14 项领导原则的任何一项，你就会毁掉预期的效果。要让它们发挥作用，你必须全部采用。

关键思维

杰夫·贝佐斯并不关心你的感受；他甚至不在乎你今天过得好不好。他只在乎成果——而且最好是好的成果。每个加入亚马逊网站的人都了解这一点，这是交易的一部分。

——约翰·罗斯曼

你可能已经发现，这里揭露的领导原则并非机密——它们被公开发布在亚马逊网站上，并且经常在公司内部被讨论。这些原则的关键在于如何综合运用它们，以及亚马逊如何运用它们来进行每天的决策。让我再重复一遍：这些原则每天都会在亚马逊作出决策的真实场合、每个角落和每个层级被运用到。

——约翰·罗斯曼

如果你不坚持，你可能会太快放弃实验。如果你没有弹性，你可能会拿头去撞墙，并且看不到你想解决的问题还有不一样的解决方法。

——杰夫·贝佐斯

公司文化有一部分存在路径依赖的现象——也就是你沿路所学到的教训。

——杰夫·贝佐斯

兼攻之道

思科如何同时守成与创新

Doing Both

How Cisco Captures Today's Profit and
Drives Tomorrow's Growth

原著作者简介

因德尔·希度（Inder Sidhu），毕业于美国哈佛大学商学院、宾夕法尼亚大学沃顿商学院、马萨诸塞大学和印度技术学院，任思科全球营运策略及规划部门资深副总裁，思科公司经营委员会及新兴国家委员会成员，曾任思科企业事务委员会的共同领导人。在 1995 年加入思科公司之前，曾任职于麦肯锡咨询公司、英特尔公司和诺威尔公司。

本文编译：黄玩

主要内容

主题看板

成功不必取舍，你可以双管齐下

许多公司常在抉择中左右为难，思科（Cisco）却是双管齐下，把每个选择都看成可以掌握的机会，不必牺牲任何选项。成功的关键就在于找到每个选项的优点，彼此相辅相成。

1984 年思科由斯坦福大学的一对学者夫妻创立，为解决两栋建筑互相发送电子邮件的问题，他们发明了全世界第一台多协议路由器，自此开启了网络新纪元，成为全球领先的网络设备厂商。2000 年时市值曾达 5792 亿美元，一度成为世界最有价值的公司。

网络泡沫破灭之后，思科市值大幅缩水，在经过数轮科技变革后，却依然存活下来，创造出 2 倍营收、3 倍利润，每股收入还翻了 2 倍，并在 2009 年取代申请破产保护的通用汽车公司，成为道琼斯工业平均指数的成分股。它究竟是如何做到的？

当公司在思考关键决策时，通常会决定要做什么，不做什么。它们可能会专注寻找破坏性创新，或是坚守既有经营模式。它们或许强调纪律，牺牲弹性；它们可能重视顾客，忽视合作伙伴。思科却找到更好的方法：双管齐下。

思科资深副总裁因德尔·希度认为，在任何情境下，“双管齐下”都是最佳选择。如果你在医疗产业，你可以同时改善病人看护质量又降低成本；如果你从事制造业，你可以提升产能并同时减少温室气体排放量。“双管齐下”不仅是企业最佳的成长策略，也是成功的策略蓝图。

维持+破坏	创新	经营模式	既有模式+创新模式
不断优化+彻底改造	流程管理	满意度	顾客满意度+伙伴忠诚度
发达国家+新兴国家	国家类型	任务	正确的事+重要的事
超级巨星+团队	工作方式	领导方式	由上而下+民主

一　创新

在同时追求持续创新和破坏性突破的情况下，思科必须选择要进行哪个方案。

维持 + 破坏

方式 1：维持

思科 2008 年在研发上投资了 52 亿美元，相当于营收的 13.2%，说明该公司对于产品持续改善抱持非常积极的态度——因为它必须跟上最尖端的新科技。公司内部在这方面开支最大的部门则属思科研发中心。截至 2010 年，思科积极扶持内部项目，项目包括核心网络产品、视讯产品、虚拟软件和协同作业等领域。

这些内部投资大部分专注于强化既有的产

品，但是思科另外做了一件非常值得注意的事。思科设立了一支新兴科技团队，任务是寻找有破坏力的新构想——能在5到7年之内成长到10亿美元市场的机会。这支团队是内部构想的孵化器，在思科内部塑造一种新创事业的环境。不受拘束的创意人不论是想追求既有市场周边的新兴市场机会还是全新的市场，都可以向新兴科技团队申请开发资金。

关键思维

我们不会去问顾客想要什么。那样做通常只是逐步改善他们既有的经验。相反，我们注重顾客的角色和他们渴望达成的目标。我们也会和顾客以外的人接触——即我们目前产品和服务项目尚未涵盖的组织。这种方式协助我们产生真正的破坏性创新。

——马丁·德·贝尔

这种内部创业通常依循以下开发途径：

1. 找出具有经济吸引力、前景看好的新构想。
2. 在3个月或更短时间内，将任何引人注目的构想转换成可行的运营计划。
3. 扶植任何拥有合理上市策略的运营计划。
4. 让新事业开始形成动能并且加速成长。
5. 让这份事业的营收增长到1亿到2亿美元。最终让它成为思科的运营单位、全部出售或是将其关闭。

方式 2：破坏

在思科为了潜力无穷的内部创业播种的同时，它也积极资助外部的创投事业和“拆合”。“拆合”是思科发展出来的一种收购策略。针对一些富有潜力的公司提供资助，并安插人员担任核心职位，待时机合适时再收购进来，成为思科以低成本保持创新的一种手段。

关键思维

除了一些显著的差异外，拆合和传统并购是类似的。在拆合的状况下，思科在一家公司从事先期投资以换取一些特殊的条件。这些条件包括在达成预订的顾客和销售里程碑时有购买该公司的选择权，或是在适当的时候提供管理监督的权利。在某些案例中，思科还会派遣一些重要员工到预备拆合的公司，提供额外的指导，一路协助这家公司成长。因为这种拆合的独特性质，它们提供了全世界最佳的状况：能量、创造力和新创事业的热情，再加上一家成熟大企业的规模、管理能力、市场渠道和财务优势。

——因德尔·希度

拆合听起来很不错，但是仍然有它的风险。它可能会花很长时间才能取得动能，而且思科派出的员工在拆合公司工作几年后，再回头重新融入思科的事业也会十分困难。所以除了资助创投事业之外，思科也会并购那种拥有它想发展所需的技术或人才的公司。这些并购的对象，通常是那些以有趣的方式使用思科技术的公司。思科已经通过并购跨入很多周边市场，未来也计划持续下去。

在评估拆合的时候，思科总是谨慎地留意顾客的成功而非内部指标。它会观察是否创造出满意的顾客，而不只是达到思科的技术里程碑。

方式 3：维持＋破坏

思科在持续推动产品改善的同时，也通过拆合和并购从外部引进破坏性的新科技，让它在所属产业建立并维持领导地位。该公司一开始专门销售网络设备，但是目前在语音、存储、运算、影像和云计算等产业也相当活跃。

关键思维

什么是最好的方式？答案是依据你的组织所要达成的目标而定。以思科为例，它两者兼得。

它根据具体的实际情况决定采用何种方式。当某个新构想和既有产品具有完备的上市策略时，思科就会在内部培育这个构想。而当公司想追求某件非常不同或不熟悉的事物时，通常就会到公司外部进行寻找。

虽然不容易，但思科还是会拒绝阻碍公司发展的一些理念——拒绝一切必须在内部开发。同样，它也不认同只有小型新创事业才能做出有独创性的东西。为了不受“老公司应该朝这边，新创公司应该朝另一边”这种想法的影响，思科从内部和外部抓住最好的部分，创造出令人信服并且彼此互补的产品及服务组合。

——因德尔·希度

二 经营模式

思科同时兼顾创新及既有的经营模式，意味着该公司变得非常灵活且富有弹性。

既有模式 + 创新模式

方式 1：既有模式

思科通过销售非常先进且昂贵的网络设备给其他公司，成长为庞大企业。然而，思科也注意到，家庭和小型办公室的网络产品市场，2009 年的市场规模预测是 740 亿美元。

为了进入这块市场，思科并购了 Linksys，这是一家价值 4 亿美元的消费性网络设备公司。在完成并购之后，思科让 Linksys 具有相当多的独立性，让它在思科管理阶层最低限度的督导下，专心打造零售渠道和消费市场供应链。这种方式让思科学到 Linksys 在这个领域必须具备的专业知识。

同样，当思科看到视讯协作软件的新市场逐渐形成时，它决定在 2007 年以 32 亿美元收购在该领域已经相当稳固的 WebEx。WebEx 用订阅或“软件即服务”的营收模式进行运营。“软件即服务”简单来说，就是顾客无须购买软件，而是通过订阅的方式使用他们所需的产品。这是一种非常具有弹性及扩充性的软件使用方式，因为它不需要购置额外的硬件，而且也不需要安装和维护软件，用户只需为他们需要的功能付费。

关键思维

从技术的角度来看，思科清楚看出云计算和“软件即服务”的市场走向。但是要在这个领域成为领导者，这样只算完成了一半。另一半的挑战是研发根本的经营模式，让公司能够以客户想要的消费方式，将产品和服务推到市场上。通过WebEx，思科迅速取得它想要的技术，以及在这个领域领先群伦所需的经营模式。

——苏布拉·埃亚

对于思科来说，利用既有的业务进军小型企业市场是一个绝佳的方式，而且在此之前它对该市场毫无经验。因为所有市场都有它自己的细微差异和节奏，通过 Linksys 和 WebEx 现成的经营模式，思科便可以加速及强化自身的学习，并且快速进入这块市场。

思科还注意到，世界上有许多通讯公司、有线电视业者和其他企业抢着向顾客销售影片和其他网络服务，而这些公司都需要特别订制硬件和软件来实现这件事，因此认定这个市场肯定很大。基于这个想法，思科在 2005 年花 69 亿美元买下 Scientific Atlanta——一家机顶盒制造商，并且将它从 Scientific Atlanta 学到的东西整合到自己的业务当中，设法让 Scientific Atlanta 的营收在并购后 2 年增长 40%。

关键思维

同时采用数据导向型的经营模式和个性化经营模式，思科让自己更有效地服务消费者。同时发展两种不同的经营模式，不论用任何标准来看都是值得的。一种模式让思科前进到消费者市场，另一种则大幅提高它在电信服务业者当中的渗透程度。

——因德尔·希度

方式 2：创新模式

如果情况需要，思科也会毫不犹豫地从头建立一家新企业。在 20 世纪 90 年代早期，思科察觉到它的客户依赖度变得越来越高，并且在更多超乎思科服务项目之外的各种领域需要支援。思科并没有在全世界建立自己的服务机构来提供顾客支持，反而决定和它的伙伴一起从头建立一家全新的服务机构。

思科当时使用的经营模式相当有创意。它授权合作伙伴可以自行制定价格，销售思科任何设备的终生服务合同。条件则是按照它们所需设备的定价，支付思科很小比例的金额。这种有利条件吸引了成千上万的伙伴，让它们大受鼓励，引诱它们运用思科的各项产品，创建自己的服务事业。这项创新的经营模式对思科来说是一件非常重大的事情。在 2008 年，这项服务为思科创造出 70 亿美元的年度营收，年增长达 18%。

方式 3：既有模式＋创新模式

大公司对于市场快速转变通常疲于回应，因为日常的业务会占去大量时间。思科却属例外，因为该公司会同时做这两件事——以同样的热忱和决心追求创新及维护既有的经营模式。

尤其特别的是，创新经营模式可以让思科把它的产品推入新市场。例如，在 2009 年的营业额中，有 1/3 来自新市场。整体营收增加超过

125 亿美元，如果思科仍只固守原有市场并提供传统产品，就会错失这笔收入。

关键思维

许多公司会抗拒创新的经营模式，害怕它可能伴随着潜在风险。思科也不是任何经营模式都会采取。但是如果有某种经营模式，有可能帮助思科掌握市场变化或是给客户提供更好的服务，那么不论是通过组织内部发展还是外部并购，思科都会迅速拥抱它。而且思科也会通过反复试验的方法，为每一种模式研发出最佳做法。当然，思科的这些努力仍在进行当中，到目前为止，成果是令人信服的。

——因德尔·希度

三 流程管理

思科在严酷体验中学到不断优化和彻底改造同时进行的必要性。它也试图达成这项任务。

不断优化 + 彻底改造

在 20 世纪 90 年代网络泡沫爆发的那段日子，思科的供应链为了有所表现背负着极大的压力。于是思科努力优化它的供应链，最后生产了许多寄售的特制设备。这意味着当需求在 2000 年突然枯竭时，思科被仓库里大批无法售出的网络设备套牢。因为这些库存，思科被迫在账目上认列了 20 亿美元的费用。

当这笔巨额的注销款在投资圈造成震惊之后，思科仔细检视了自己的供应链，了解它必须从传统的“供给推动”模式，转换到“需求拉引”模式。需求拉引实际上意味着思科只有在确实拿到顾客订单后才生产产品，而不是根据对需求的预测。需求拉引比较能回应实际情况，因此风险较低，但是它需要高度的系统弹性和回应能力才能实现。

结果思科发展出一套供应链，不但有令人诧异的复杂度与全球性，而且拥有足以应付科技快速变迁的反应能力。思科的最终目标，是拥有一个威力强大但灵活、富有创意且高品质的供应链，同时范围也够广泛，足以扩展到多种技术平台、客户群、地区和伙伴关系。这项内部名为“制造卓越”的新计划，在业界引起了巨大的轰动，并带来了成功。

关键思维

借着同时进行调整和转型，思科得到了丰厚的回报。今日，它的供应链处理的营收规模是当初网络泡沫爆发时的 2 倍，人力却比当时少了一半。思科现在可以正确地进行预测，让公司一开始只保留一点点库存就能够运营。

——因德尔·希度

四　满意度

思科对顾客满意度及伙伴忠诚度同样重视。该公司为了做到这两件事会习惯性地多做一点。

思科从第一天开始就把顾客利益摆在第一位。该公司自己的内部传奇也都围绕着那些超过工作职责，达成顾客要求的员工。这种现象也反映在思科每天都进行的顾客满意度评估上，而且每位员工大约40％的收入直接取决于思科的顾客满意度指标。

除了注重顾客，思科近来也引进许多项目协助伙伴。这是桩好生意，因为思科80％的营收是通过全球5万5000家渠道伙伴得来的。在2001年，思科以其他伙伴奖励项目取代根据数量打折的方式，肯定伙伴在交易上创造的价值。和那些只想尽可能运送更多装备的人比起来，能给顾客提供完整解决方案、创造最多价值的伙伴，会赢得思科最多的设备折扣。

思科在 2003 年启用这项价值奖励项目。该项目会支付合作伙伴一笔成就奖金，金额相当于当时思科网络语音设备销售额的 20％。几乎在一夕之间，它的伙伴得到每件语音产品销售额的 20％，让它们的毛利差不多提升 2 到 3 倍。这种情况引发了伙伴的满腔热忱，并因此促成顾客满意度的提升。

为了进一步运用价值奖励项目所产生的动能，思科还采取了许多行动，以强化顾客满意度且同时增进伙伴关系。思科开始和重要伙伴举行会议，共同草拟新产品的上市策略。思科也开始给伙伴提供财务指导和财务规划的专业技术。此外，思科更在全世界举办伙伴大会，讨论在不同市场上什么方式有用、什么方式无效。

五　国家类型

思科同时瞄准发达国家和新兴国家。这种做法会形成一种理想的状况，允许新思维和新构想相互滋养。

许多公司在进入新兴国家市场时会有所挣扎，因为它们试着采用与美国和欧洲市场相同的开发策略和产品，而这种方式未必总是能如预期想象的那样顺利。因为当地的市场需求可能很多且各不相同。要有一点悟性，才能够在这两种市场中都表现良好。

在发达国家和新兴市场都做得很好的一家公司是通用电气公司。当通用电气想在中国销售一款医疗诊断用的扫描设备时，它推出简化款式的设备，其制造成本只有原先的1/3。这个便宜的新版本是如此受欢迎，以至于在中国的市场占有率达到第一，因此通用电气公司决定看看这款机器在像美国这样的发达国家会卖得如何。结果获得非常大的成功，因为它让通用电气公司得以服务那些原本无法负担原始产品的医疗机构。

关键思维

事实是，发展中国家走的是不一样的道路，甚至可能会超越发达国家，因为它们有更积极的意愿去接受突破性创新。由于发展中国家的平均收入较少，所以它们很乐意以非常低的成本，采用高科技的解决方案取得实实在在的成果——也就是用15％的价格取得50％的成效。

此外，它们也没有发达国家既有的许多老旧设施，那些设备是在昔日非常不同的环境下制造的。它们需要通讯、人员和运输产品来处理今日的挑战和机会，例如无法预期的油价以及无所不在的无线科技。

——杰夫·伊梅尔特

思科在成立初期，曾在新兴国家拥有业务办公室、生产设施和物流中心，但是很快就发现这些资产虽然可以提供一些影响力，但是对新兴国家的领导者来说却未必具有重要性。因此，思科不再限定自己只是资讯科技供应商的角色，而是要在不同的新兴国家中成为令那些国家、企业和学术领袖信任的关键顾问。

思科的策略是采用在发达国家做的事，同时在新兴国家使用新的策略，这有赖许多要素同时发生作用：

◎思科通过为新兴市场建立新区域，在内部提升发展中国家的优先地位，如拉丁美洲、非洲。一个专属的思科领导团队已经建立。

◎这支新兴市场小组接着开始设计思科的产品，提供符合新兴市场顾客需求的解决方案。

◎同时，思科积极尝试在新兴国家接触通

讯、运输、医疗和教育领域的政府领导人。这项尝试是为了得知他们有什么样的挑战和目标，同时思科表示愿意加入他们，并和他们一起致力于解决该国面临的重大问题。

◎思科 2006 年在内部成立新兴国家委员会，以厘清对于新兴国家正在发生的事件，思科该如何提供更好的支援。这个委员会具有高度的影响力，让思科可以事先辨认在某些特定国家应该进行哪些投资，以提升思科业务增长的机会。

◎思科接着展开另一项名为“智慧联系社区”的行动。思科公司和全世界的合作伙伴开发能够帮助市政领导人管理社区的更好方法——这对大多数人来说都是一项巨大的挑战。联合国预计未来 5 年内会有超过 5 亿人移居到城市圈，这表示全世界快速成长的城市都会出现在新兴国家。

思科已经开发出一套以网络为基础的综合且全面的解决方案，让都市的规划人员可以更有效率地处理他们的工作。智慧联系社区方案内建网络技术，所以可以产生即时的资讯以快速确认问题并予以回应。

◎思科2007年还在印度的班加罗尔建立第二总部。这个总部由威姆·埃尔弗瑞克主持，他是思科的资深副总裁，曾被任命为思科首任全球化主管。这个第二总部在2010年已拥有5000名员工，包括工程师、创新人员和创业家。它已经成为思科开发解决方案的中心，也清楚显示思科的投资是为了从跨国企业转型成全球创新企业。

关键思维

不要卖你有的东西，要创造人们需要的东西。

——威姆·埃尔弗瑞克

新兴国家的创新水平让思科确信，它应该在那里进行更多投资，而不只是去卖东西而已，还必须在那里汲取更多构想并且把它们变成解决方案——就如同智慧联系社区方案，这样做才会在全世界变得举足轻重。因为思科一直到21世纪首个十年的中期才开始形成全球化策略，所以它现在做的可能就是新兴国家许多组织和机构正在进行的事。也就是说，要有大幅的进展，才能超越那些在新兴国家已经具有相当实力的对手。

为了达成这项目标，思科认为必须采取一些行动好让自己和之前的企业有所区别，这些企业在设好业务据点或是境外劳力中心之后，就停止了对新兴国家的投资。思科相信对新兴国家和发达国家之间的交互作用保持关注，持续进行投资，就会得到它一直在寻求的优势。

——因德尔·希度

你大可以说没有企业能做到像思科这样，在新兴国家发展产业转型的解决方案，同时也留意如何将它应用于发达国家。

——萨维·巴维佳

贝恩策略顾问公司咨询师

六 任务

思科努力追求优越性和相关性。拥有这两种特质是重要且必需的。

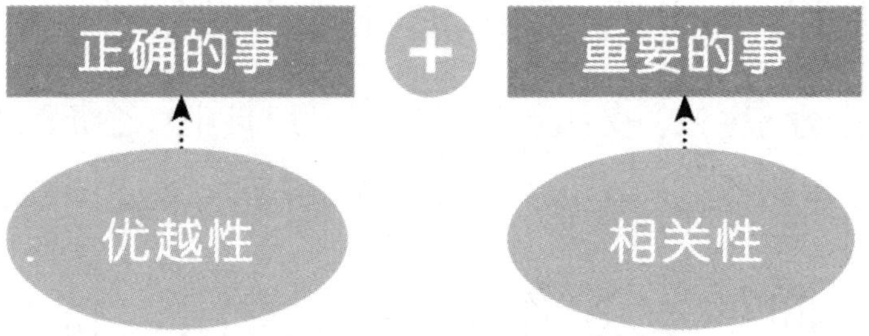

思科就像任何一家高科技公司一样，一直很努力地想让产品成为所属领域的最佳产品，但是只有当你以同样的努力让产品也具备对等的重要性，然后将两者结合之后，才会产生价值。

思科因为专注于顾客的痛苦而变得优越，但是它之所以变得重要，是因为它并未在处理好令顾客沮丧的问题之后就停下脚步，而是还会尽力满足顾客的需求。

那么思科是如何做到的呢？通过回顾历史，公司过去的作为可以清楚地显现，但是这些作为在当时并不是那么明确。思科开始大举将网络科技运用到经营模式中，借此转变并提升自己的作业流程。

这项名为“思科用思科”的行动依照一份经合理预测后制订的时间表：

1. 思科首先将员工和网络资料及服务连接起来，实际上是为了让原本的人工流程变成自动化。
2. 接着，公司利用各种网络工具，创造更好的新方法来处理客户求助、员工管理、产品规格设定和供应链管理。
3. 接下来，思科运用网络程序，让公司运作得更好。在开始推动的几年里，已经有90%的订单（大约每天6000万美元）是通过互联网产生的，而80%的客户求助则通过自我服务模式的网页应用程序完成。
4. 思科降低自己一些预算，然后把这些钱重新分配到各个业务部门。这意味着每个部门可以投资新的技术项目，因而有机会达成该部门的经营目标。
5. 思科推出一项网络技能的审查活动，借此对每位资深主管运用网络的意愿和个人能力加以分级。每个员工也必须详细说明，自己在所属部门内如何运用网络得到效益，借此在思科内部创造一种以网络为中心的文化。

由于思科本身运用互联网推动公司发展的成果十分惊人，因此世界上一些规模庞大的企业董事长很快就开始接触思科，想亲眼观察思科做了些什么。然而，这项“思科用思科”行动也只是一场暖身活动而已，因为后来它转变成下一代的商业革命：协同工作。

关键思维

感谢外部采购和新市场的扩张，今日的劳动力比以往更为分散并且更加相互联系。思科认识到，协同工作会成为未来10年最大规模的科技趋势，每年可以将生产力的收益提高5%到10%。思科发展出一套协同工作科技的完善组合。使用这些科技让思科的劳动力变成世界上最分散、最相互联系且最有生产力的劳动力。而思科现在又要再做一次，从扩大与顾客的互动模式开始。

——因德尔·希度

思科开发的关键协同工作科技之中，有一项名为“思科远程视频”——这是一种高解析度的视频会议系统，让几大洲的人可以会谈，就如同坐在同一张会议桌前一样。思科在内部设置了超过700间思科远程视频会议室，每个员工都会运用这项科技和思科最大的客户拉近距离。根据估计，光是这项远程视频本身就为思科创造出1.22亿美元的生产收益，并且直接节省了4.23亿美元的出差费用和至少22.8万亿吨的碳排放量。

远程视频是一项高科技产品。思科还使用WebEx的技术让参与者可以进行讨论、修改文件并且即时交换资料，还可以通过互联网在电脑上举行说明会。思科的产品销售专员——负责协助客户厘清有哪些新科技可供选择、处理安装需求并且提供销售支持——广泛使用WebEx的技术以提高他们的生产力，并且通过虚拟的客户互动取代实体的出差。

根据估计，这样的做法让客户互动的次数提

高了 3 倍，同时也让大多数的思科员工减少了出差次数。困难的问题可以随时通过 WebEx 的技术立即获得处理。

当思科使用远程视频和 WebEx 的技术让自己的运营产生巨额收益时，思科的顾客同样也向该公司询问他们如何可以得到同样的成果。思科率先取得的成果可望逐一运用在各项产业上。而当思科的客户想追逐思科的脚步时，思科就从原本幕后的角色，逐渐转变成具有密切相关性和重要性的合作伙伴。

关键思维

思科借着增加影片、博客、点击聊天和其他协同工作的技术，让自己的网站转型成一种协同工作的模式。结果从 2007 年到现在，思科的网站流量倍增。该网站目前每个月吸引大约 1400 万名访客。

可口可乐、通用电气、联邦快递和宝洁等越

来越多的企业也开始向思科寻求协助，以拓展新市场和发展新经营模式，当然也还要增加互动。它们这样做是因为它们相信思科拥有技术和专业知识，可以让自己变得对顾客更重要。这种现象在商业界的意义就是增加营收、降低复杂性、减少运营成本以及提升顾客满意度。

——因德尔·希度

七　工作方式

思科创造出一种环境，让闪亮的超级巨星和成功的团队可以并肩作战。两者兼具始终能达成更多的成就。

有些组织会招募属于它们领域的超级巨星，然后专注地让这位超级巨星尽量发挥出他的生产力。其他组织则是依靠团队努力向前迈进。思科则是两者并行——它提供机会和奖励让个人生产力得以发挥，同时也建立基础以鼓励并支持团队合作。

关键思维

思科的员工必须在个人责任和团队合作两方面都有优异表现。协同工作不是要团队成员承担责任，也不是制造机会让他们邀功。员工必须靠自己的本领做事，不过与此同时，组织的目标仍然凌驾于个人成就和目标之上。当然，要拥有这样的双重效果，思科也必须想办法鼓励个人的贡献和促进团队的表现。

——因德尔·希度

思科运用 4 项关键工具在超级巨星和团队之间取得最佳平衡：

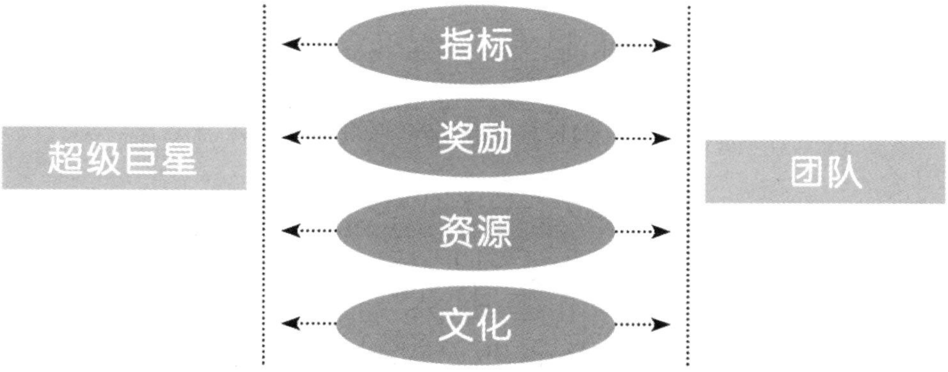

（1）指标——思科定期评估员工是否会挑战现状、产生有趣的新业务构想，以及主动寻求完成工作更好的新方法。

（2）奖励——高绩效的思科员工可以赚到一

般员工 2 到 3 倍的收入。

（3）资源——思科员工可以自由接触任何管理阶层，提出他们的构想。如果管理阶层喜欢他们的提案，便会提供资源发展该计划。每个员工都曾目睹这种状况的发生。

（4）文化——不论是对一般员工的评量，还是对资深管理阶层的评量，都是根据他们能否跨越组织藩篱，用无私的方式，不分彼此地帮助公司。

不论是稳健的团队合作，还是出色的个人努力，思科都能将这两者同时发扬光大。有一个很好的例子可以说明这种现象，即“体育场多显示器系统”的开发。思科的营销经理斯图尔特·汉密尔顿是个热情的运动迷，对于将网络科技运用于球场和体育馆以提升运动迷的体验，一直有很大的兴趣。即使在没有预算也不属于工作范围的情况下，他还是任命自己担任思科运动及娱乐商机的首席调查长。

他聚集了一群对运动具有同样热情的人，拼凑出一套粗糙的原始机型，并结合无线网络和网络摄影机。该设想包含许多显示器，可供现场赛事立即重播、订购食物或球队商品、订购赛事门票，甚至查询回家路上的交通。

汉密尔顿甚至还利用一些借来的设备及一群自愿人士，组装出一套原型机。当这台原型机展示给思科的管理阶层时，他们指出这台机器没有客户、专利，而且也不会有往下发展的机会。斯图尔特·汉密尔顿并未被击退，他拒绝就这样让自己的梦想终结。

他向亚利桑那红雀队寻找帮助，希望能让他在某场比赛中进行一个30面显示器的测试。令人惊奇的是，这场测试签下了体育场多显示器系统的第一笔订单。很快，一个新部门开始建立起来，在2008年，纽约扬基队签下了一笔订单，要在他们新的棒球场装设1000套体育场多显示器系统。而达拉斯牛仔队则为他们全新的顶尖橄榄球场地，签下一笔包含 3000 面显示器的订单。

如同这个例子所显示的，思科让它的超级巨星拥有很大空间去创造新构想，然后在他们的背后支持以扩大成效，扩展成功构想的规模以及配置多功能团队，让对的事情发生。思科将它在美国及加拿大的营业额从 2005 年的 133 亿美元提高到 2009 年的 228 亿美元，也是属于同样的状况。

公司征召业务团队的超级巨星加入特别项目小组，然后针对各种不同的上下游市场发展出完整的解决方案。这些小组后来创造出许多健全的解决方案，卖给产业内的不同客户。

同时强调超级巨星和团队，其中的绝妙之处就在于你可以利用专业知识并且扩展它的成效。如果你让超级巨星找出他们有哪些做法是正确的，然后用更多资源支持他们，借以不断产生同样的工作成效，那么惊人的成就就会产生。如果处理恰当，那么同时设立团队和高绩效的人员，就会产生令人惊奇的生产力。这是一种绝佳的模式，可以找出机会、预测未来市场需求，接着协同工作，以发展出具有强劲吸引力的市场解决方案。

关键思维

思科已经学会同时进行破坏性操作和持续性创新。前者协助思科创造快速成长的市场，后者则有助于驱动高毛利的业务。两者结合之后，就可以提供成长和利润。思科已经在事业的许多领域采取了这种理想模式。它做得越多，就越会让双管齐下的文化深入公司。双管齐下将成为多重力量强化器，它在某一领域的影响同时也会强化在另一个领域的影响。

——因德尔·希度

八　领导方式

思科同时拥有正式的组织架构和应对任务需要组成团队的弹性模式。这种二元模式让该公司拥有令人惊讶的弹性。

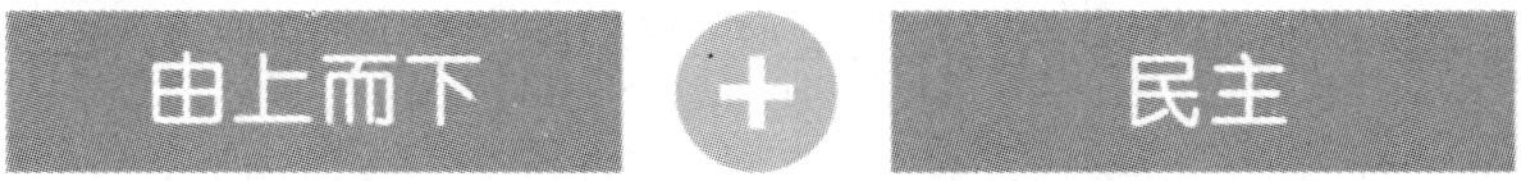

指挥及控制型的企业管理模式毫无疑问是有效的。然而，许多公司还是找到另一种同样有效的平等主义模式。每种管理架构都有它本身制度上的优点和缺点。由上而下的方式提供扩充和复制的可能性，而另一种比较重视协同作业的组织则以速度与弹性取胜。思科一开始是使用传统的、集中式的指挥管控模式，但是在最近这几年，通过同时运用由上而下及民主的管理方式，它取得了更大的成功。

思科采用的方法是运用跨功能委员会和小组来完成任务。思科的每名员工都拥有职位、正规职责和向上呈报的架构，和其他传统组织无异。但是每当公司想尝试某种新奇有趣的事物时，它就会组成一个暂时的跨功能委员会来推动构想实现。这个委员会便会任命小组成员来进行某些特定工作。每当需求或是机会出现时，就会成立委员会；一旦需求消失，委员会也就跟着解散。

思科这种方式的美妙之处在于，这些委员会在思科既有的体系下进行，会有两套结构同时运作。借着组成委员会并赋予它们权限，针对新兴的市场机会作出决策，思科可以既得到由上而下组织所具有的效率，也得到原本只会在那种完全分权的作业模式中才能看到的亲密顾客关系和回应顾客的能力。

思科在 2002 年开始运用委员会，但是第一代委员会的效率并不是特别出色，因为刚开始大家都不太了解它。每个人对自己原来的部门或单位太过效忠。然而，当思科对委员会的运作经验不断增多后，人们开始发现，这种模式正是推动思科营收、创新、利润和市场占有率增长的关键力量。

虽然委员会可以有效地让公司即时迈向正确的方向，但思科还是必须设法让个别员工既感觉得到授权，又愿意遵循管理阶层的期待。在厘清如何达成这项目标的时候，思科的领导者发现，公司不同部门的人员所使用的是不一样的工具、方法和机制。为了让每个人具有相同的认知，他们设计了一个名为 VSE 架构的项目。

为了消除任何模糊的空间，VSE 架构精确且一致地定义了“愿景”（Vision）、“策略”（Strategy）和“执行”（Execution）这 3 个词的含义：

愿景	回答这个问题："我们最终想达成的成果是什么？" 这是思科根据市场上可能出现的变化，想在3到5年之内提供给客户的价值提案。
策略	回答这个问题："我们要如何达成？" 策略包括了一些关键的功能和行动，它们将可以维持思科许多代产品和服务的差异化。策略的执行时间通常是2到4年。
执行	回答这个问题："我们将做些什么？" 执行必须详细描述在未来的12到18个月之内，思科即将采取并加以评估的一系列行动，以实现策略所制定的目标。

在思科，由董事长所领导的运营委员会负责设定公司的愿景，各个不同的委员会再接着设定所采用的策略，然后公司里的功能性业务部门再接着执行。VSE 架构的实施，让思科的每个人对同样的用语赋予相同的含义，让该公司可以在前进时具有更大的灵活性和一致性。市场转型让思科的许多竞争者和其他的科技公司受困，而思科却能设法从中得到好处，或许这就是原因所在。

关键思维

如果出现了在3到5年内可以产生100亿美元年度营收的机会，委员会就会成立。目前，思科拥有9个委员会：其中5个专注于客户，2个着重于创新，另外2个则追求卓越的运营。委员会对自己的区域或领域设定长期的方向、争取投资及上市的优先顺序。让委员会变得如此独特的因素是它们的成员——和领导——是跨部门的资深高级主管组成的团队，他们得到授权，可以“当场”作出重大的商业决策。每个委员会都由代表不同部门的高级主管组成，例如业务、财务、运营、信息及营销。

每位成员都具有通过或否决计划的权限，不需要再取得老板的同意。因此有关进入新市场、进行并购和资源重新配置的决策，现在都可以更快速并有效地进行。毫无疑问，委员会的领导变成该公司最炙手可热的职务。除了委员会之外，还有几十个活跃的小组会向委员会进行报告，列入思科持续扩大的优先任务。主要目标达成后，小组就会解散，它们的职务就会转移到公司的传统业务部门或单位。

——因德尔·希度

愿景达成共识，策略培养一致性，执行促进责任感。VSE 事实上是一项工具，让员工拟定一份计划，以便每个人都了解并且有能力实现。

——罗恩·里奇，思科副总裁

突破性的产品、新的营收来源、更高绩效的团队——“双管齐下”帮助思科赢得这些成果及更多好处。但是，这和你的组织有什么关系？你也能靠双管齐下推动它吗？我相信是可以的——而且几乎是在你事业的每一个层面。当思科的领导团队发觉选择一个方案而放弃另外一个是一项错误决策时，思科的突破就出现了。思科在面对挑战或决策时，比较可能的做法是选择两者并行。如果双管齐下可以协助思科和世界上数百万人取得联系，那么你不妨想想它能够为你做些什么。

——因德尔·希度

延伸阅读

卓越企业如何作出关键决策

一整套环环相扣的选择，为公司在产业中塑造特殊定位，使它有能力提供优于竞争者的价值，进而创造永续经营的优势。

好的经营宗旨不应只是堆砌一大堆陈词滥调，反而应该针对这个简单问题提出解答："我们计划在这个产业中如何突围制胜?"经营宗旨应该要明确，公司对于人力、投资和资源分配等事宜，是依据哪些准则作选择。基本上，公司的各项选择是在"可能"和"不可能"之间寻找平衡点，策略是不断进行的过程，不是不变的法则。

韦尔奇 6 大经营制胜要务

伟大的领导者必定有明确的目标，他们所建立的企业价值也必然具体明确。他们会确保组织的经营宗旨和价值能够相互强化，并且言行一致。

要务 1：领导

所谓领导，就是提升他人能力，帮助他们成功。这也是一种平衡的力量，如同创造短期获利，同时也不忘投资未来。但更重要的是，杰出的领导者会打从心底关怀部属。

要务 2：聘任

要找到优秀的人才并不容易，但无论如何，你一定要设法做到，因为合适的人选才是经营成败的关键。若是能聘请优秀人才，让他们为你效力，其他事就水到渠成了。

要务 3：人力资源管理

找到合适的人选之后，接着便要以同等严谨的态度管理。基本上所谓的管理，就是协助他们分工合作、持续改进绩效表现、维持高昂斗志，并成为公司中新一批的领导者。

要务 4：解聘

无论是员工表现不佳，还是因为经济不景气等因素缩减编制，解聘员工都是一项棘手的工作，却也是经营者无可规避的问题。你所能做的，便是设法让所有相关人员都能平静面对这个结果。

要务5：扮演推动变革的火车头

要在现今的企业界生存，你必须做好不断变革的准备，善用变革的机会创造自己的优势。随时从各种变动中寻找获利的良机，不要整天对着逝去的昨日发出悲鸣。

要务6：危机管理

迟早，你要面临事业的危机。面对危机时的最大挑战在于，倾全力设法解除危机之际，你还必须维持公司的正常运作，好像什么事都没发生一样。这是平衡行动中高难度的技巧。

组织要如何达成既定的经营宗旨，这便是由企业价值来定义的。而企业价值，则应该通过组织每一位成员参与，经由反复讨论之后才得以确立。

拼出790亿营业版图的5个核心决策

一般人很容易把策略搞得太复杂。因为人们想尽可能地保留各种可能性，不愿意放弃一些选项，作出明确选择。但是，唯有清楚、困难的决定才能迫使你拿出计划、全力投入最重要的任务，赢得胜利。

决策1：你的抱负是什么

为了发展最佳策略，首先你必须厘清企业的宗旨、你的使命或抱负。“赢得胜利”对不同的人代表不同的意义，所以发展最佳策略的第一步是具体说明你想赢得什么样的胜利。

决策2：你的战场在哪里

当你说明对赢得胜利的看法时，你就必须找到一个战场，让你能够实现抱负。没有任何公司能提供所有人需要的一切东西并赢得胜利，因此，战场的选择——哪个市场、哪种客户、哪些渠道、哪个产业等——会限制你专注的范围。你必须这么做才能赢得胜利。

决策3：制胜的方法是什么

这个决策可以厘清公司有哪些行动可以确保你想要的竞争优势，同时也是在你选定的市场区隔、地理位置等获取成功的秘诀。制胜的方法和选择的战场息息相关——你并不想到处战无不胜，而是想在你指定的战场上赢得胜利。

决策4：需要哪些核心的能力

接下来你要具体说明行动的涵盖范围和区域，让这些行动赋予你能力，在你选择的战场赢得胜利。你必须勾勒出所需的能力，支持你选择的战场和制胜方法。你也必须考虑如何整合这些能力，使它们相辅相成，产生持久的优势。

决策5：需要哪种管理系统

最后，策略还包括支持所有其他决策所必要的系统、架构和评估方法。你必须刻意设计出可以促进、支持，并且评估策略的系统。为了执行策略，一定得有稳健可行的管理系统。

超级领导力

百胜餐饮集团打造世界第一的秘诀

Taking People with You

The Only Way to Make Big Things Happen

原著作者简介

大卫·诺瓦克（David Novak），毕业于美国密苏里大学，百胜餐饮集团总裁兼首席执行官，旗下有肯德基、必胜客和塔可钟等品牌。曾任职于百事可乐，担任肯德基和必胜客的总裁（译注：百胜于 1997 年从百事可乐独立出来）。百胜在 117 个国家有超过 140 万员工。诺瓦克也是芝加哥第一银行与摩根大通合并后的董事，以及百胜基金会和联合国世界粮食计划署之友的理事。

本文编译：乐为良

主要内容

主题看板

动脑、动手与动心

大卫·诺瓦克带领百胜餐饮集团旗下 140 万名员工，建构出世界第一的餐饮集团，累积了卓越的领导经验。在他眼中，领军打仗“身先士卒”还不够，必须要能够领导团队齐心协力朝共同的梦想前进，将愿景落实为可执行的工作，并且获得实质性的成果，其中有相当细致的方法与步骤必须逐一完成。

他所提出的方法，简而言之包括 3 大部分：动脑、动手与动心。要让工作伙伴齐心协力，告诉他们做什么可以让他们动脑筋，告诉他们如何去做可以让他们动手，告诉他们为什么要做才能让他们动心。

（1）动脑：领导者必须找到明确的愿景与方向，让工作伙伴拥有清楚的方向感，并且动脑筋架构工作程序并寻找资源，让工作伙伴了解实际的挑战与困难，给予他们足够的后援，让共同赢得胜利的氛围出现在工作场所中。领导者往往会惊喜地发现，如果赋予工作者责任，给予工作伙伴足够的空间，就可以激发他们的潜力，创造出意想不到的绩效。

（2）动手：凝聚了足够的人气，规划好了工作流程与资源配置，接下来，最重要的事情就是动手执行，推动公司往共同的愿景发展。首先，诺瓦克建议必须要进行内部沟通，说服工作伙伴接受你所想要达到的变革效果。其次，赋予工作者应负的责任，并且通过奖励的方式鼓舞同事一步步前进。即使面对失败，也要坦然以对，努力不懈地克服困难，最终达成工作团队共同梦想的愿景。

（3）动心：更重要的是，要能够让员工跟你一起，朝着共同的梦想前进，领导者本身就应该是最大的能量来源，必须拥有足够的信心，相信自己可以做到最好，热衷学习并提升自我的层次，唤起工作伙伴的热情，集思广益，鼓舞大伙儿一起实现远大的目标。

我们常常说“心想事成”。在实际的管理经验中，要带领企业获得实质性的进步，一定要缜密规划工作并且开始推动，在实现愿景的过程中拉住缰绳，维持既定的方向，鼓励工作伙伴投入并且获得进步。更重要的是，要能够鼓舞同仁认同并且接受共同的梦想。同时，更不要忘记，消费者、环境与竞争条件随时都在变，领导者不能松懈，必须随时调整脚步，带领工作团队面对未来的挑战。

5分钟摘要

众人同心，力可断金

百胜餐饮集团的企业文化特别强调齐心协力，共荣共赢，而这也正是它打造世界级餐饮规模的独到之处。

懂得如何带领他人朝你梦想的方向前进是建功立业的唯一途径。如果你什么都自己来，就别想成就什么大事。因此，学习如何激励他人，并且引导他们的努力和行动是成功的先决条件——这也正是领导者的工作。为了谋求最大的成就，让他人参与你的大业，一般可以借鉴以下 3 个秘诀：

一　建立正确的观念

带领工作伙伴实现伟大目标，第一步就是先停下来想清楚，自己到底想完成什么。通常是先厘清以下3个问题：

（1）完成哪一件事能带动业务成长？

（2）要影响谁或让谁明白你的想法才能成功？

（3）需要改变或加强工作伙伴什么样的观念、习惯或信仰？

营销的基本原则之一就是影响他人，首先你得知道他们在想什么，并了解该以哪种对本身业务有利的方式来解决顾客的问题。同理，要带领工作伙伴朝伟大目标迈进，你需要对你试图带领的工作伙伴有深入的了解。只要知道他们在想什么，便可以重新调整目标，让他们成为你的后盾。

关键思维

成功领导者的首要工作就是知道要带领工作伙伴去哪里。我先直截了当地问：你能想到，做哪件大事能带动业务增长或改变你的生活？你想到的答案就是我所说的伟大目标，我所指的不只是作些小小的改进或温和的增长，只比前一年略有改善称不上大胆。设定正确目标是取得成功的关键，领导者常在这方面表现欠佳，因为目标设得不够高。

——大卫·诺瓦克

伟大目标必须是有质的飞跃，而不是对现状做些改善。把你当前目标加大一倍，看看可以联想到什么样的可能性和挑战；或把目前的工作时间缩短一半，想想你该怎么妥善应用压缩的时间。制定伟大目标就该有如此气魄，并且让别人帮助你去实现它。

脑子里的伟大目标清楚之后，接着就是找出你的目标对象是哪些人，以便网罗需要的人才。

做出一份人员表，包括所有你需要去影响的利益相关者：

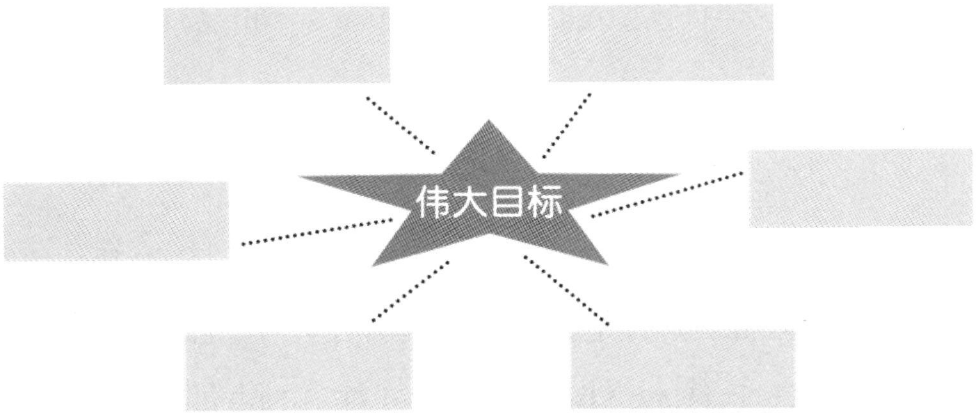

在制作人员表时，花些时间厘清你的目标对象在想些什么。找出他们的看法、习惯、信念和可能的反对意见。了解之后，你就会有个路线图，指引他们朝你的伟大目标迈进。

关键思维

最根本的问题是：如果你能准确找出足以完成任务的工作伙伴，然后得知他们的想法，那么你就有最好的机会让他们帮你完成大事。乍听之下像是老生常谈，但就我所知，常识未必人人都知道。太多的人会忽视这项领导要素。

——大卫·诺瓦克

领导就是让别人因为他想做，而去做你想要完成的事。

——德怀特·艾森豪威尔

美国第34任总统

回顾我在通用电气服务期间，我想重头再做一次的是与工作伙伴分享我向往的是什么样的公司，我们的价值观是什么，真正的立场是什么。

——杰克·韦尔奇

通用电气公司前董事长

清楚知道要往何处去之后，接下来就要把适当的心态灌输给你想带着一起奋斗的人。做这件事通常需要4个步骤：

1. 把自我发挥到最好
2. 热衷于学习
3. 释放工作伙伴的力量
4. 相信做得到

以上每个步骤都很重要，因为在脑袋里把事情想清楚是你和工作伙伴获得最后成功的基础。在成为强有力的领导者之前，你必须先像个领导者一样思考。你把工作伙伴想得越有威力，就越会影响你采取行动。

步骤 1：把自我发挥到最好

做真实的自我一定比扮演一个角色更容易推动他人前进。只要你想努力做到最好，“做你自己”是个好建议。这听起来好像不言而喻，但许多商界领袖（和政治家）在这方面往往是自己把自己搞砸了。

研究一下人类历史上取得伟大功绩的人物，很容易就可以列出一份名单，他们全都是忠于自我的人，包括：

◎纳尔逊·曼德拉，南非前总统，1993 年获得诺贝尔和平奖。

◎圣雄甘地。

◎穆罕默德·阿里，美国职业重量级拳王。

◎温斯顿·丘吉尔，英国前首相。

◎奥普拉·温弗瑞，美国知名电视节目主持人。

这些人都以自己的方式生活着，即使在压力下，也坚守自己的信念。因此，忠于自己就抛出了一个有趣的悖论：像个领袖般去激励他人，不但要懂得自己的事，同时还要承认你有所不知。真实要求坦诚——你必须自信但又有薄弱的地方。

建立自我意识的良方是每隔一段时间暂停一下并考虑以下 2 个问题：

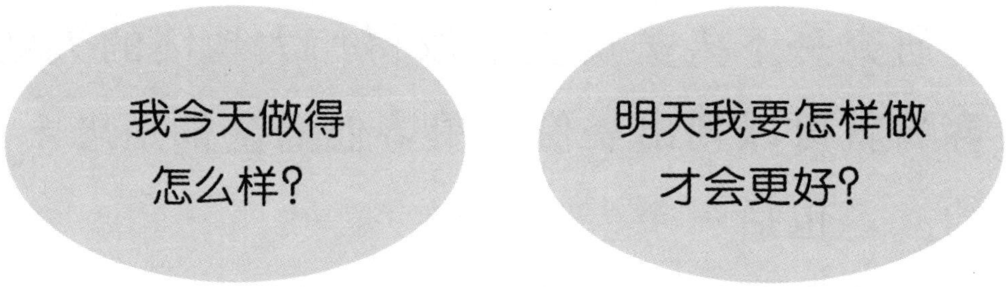

把这些问题的答案写在小卡片上，并随身带着，以便不时提醒自己如何做到最好。无论事业发展到什么阶段，你还是可以做些事情让自己更

好，包括：

（1）意志坚定地做每件事——不要三心二意，而要全心投入。努力做自己而不是试着去做别人。

（2）精通自己的事——如果你有诀窍和经验，就会有自信。同时也要把熟悉自己的作业环境当成一件要事，因为它确实很重要。

（3）征求同事的意见——借此提高自我意识。要多向自己敬重的人请教，想象一下，如果他们站在你的处境会怎么做。

（4）坦然面对自己不知道的事——这么做既能释放自我，也能给他人提供机会来支持你、帮助你。这方面坦诚点也有助于建立信任，因为它可以提供机会让别人贡献所学。

（5）正面思考并自我勉励——只要有机会就提醒自己的成就和长处。如果你能自豪地回顾过往的努力，其他人与你共事就更加有趣。

（6）尝试做些不是那么得心应手的事——因

为只有放手尝试，你才会知道自己真正的能耐。因此要做有挑战性的事。

（7）帮助四周的人也忠于自我——相信他们，并赞美他们的独特性。提供一个安全避风港，让工作伙伴多去尝试，然后提供一些建设性的意见。如果你明确表示大家可以不同意你的看法，工作伙伴就会更容易帮你往前推进。

关键思维

你生来原本独一无二，不要到死成了一个复制品。

——约翰·梅森，作家

维持现状不可能让我们有所长进。

——马克斯·德·普雷
赫尔曼·米勒公司前董事长

作为领导者，你的责任不只是做好自己，还要让你带领的每个人都知道忠于自我有多么重要。

——大卫·诺瓦克

轻松做自己之前，我遇到很多困难。在公司公开上市时，我不会在公开场合说话……所以我该学的东西有很多。开始创业时，我从来没有领导过别人，但我曾在很多体育团体待过……我只是觉得有点像，喔，天啊，如果我能让大家觉得我们处于同一阵线，我们就会做得很好。

——鲍勃·沃尔特

卡地纳健康集团董事长

步骤 2：热衷于学习

关键思维

我相信热衷于学习是区分优秀领导者与伟大领导者最大的因素。求知欲强的人必能以热情和好奇心激励别人，同时通过引进新观念带给组织冲劲。

——大卫·诺瓦克

一般的领导者认为：“我是老板，本来就该知道最多。”伟大领袖的态度是：“学无止境，三人行必有我师。”如果你心胸开阔，能坦然接受不是只有你会有最好的想法，你便能充分运用组织的集体智慧，而不是受限于你所知的范围。

持续寻找好的点子：

（1）不要有那种“非我发明就不用”的思维模式——清楚表明好点子都受欢迎，无论来自何处，都会被采用。

（2）采取你是公司负责人的态度——因此你会关心业务的方方面面，不会只局限在一个狭小的区域。

（3）始终把伟大目标摆在第一位——这样一来你会保持警觉，并且专注于筛选与你在做的事情有关的新鲜想法。

（4）积极寻找一流的公司和内行高手——充分利用他们的长处。分析他们的思维并与整个团队分享你的心得。如果你采用了别人的想法，要不吝啬赞美且不必害羞。

（5）打造有益的辩论文化——明确表示你欢

迎并鼓励针对你的决定进行辩论。营造安全的环境，让工作伙伴可以分享新鲜想法，并无惧于表示反对意见。随时从外界引进好主意。这会让大家明白，新鲜和创新的思维，不仅受欢迎，还会受到鼓励。

关键思维

你想要哪种人加入你的团队？是那种事情还没想清楚可行与否就贸然行事的人，还是那种在外面发现可行的伟大点子，利用对本身作业环境的了解，把这个点子变得更大更好的人？

——罗杰·伊顿，肯德基董事长

步骤 3：释放工作伙伴的力量

关键思维

我相信领导是一种特权。我也深信，每个人，只要给他机会，都会由衷地去做正确的事、去奉献自己，并以自己的努力带来改变。而且我也绝对相信，这种思维模式是让你的工作伙伴发挥最佳表现的关键。事实上，我认为每个人都有潜能，身为领导者，释放这种潜能就是我的工作。

——大卫·诺瓦克

你经常会发现，当你相信工作伙伴时，他们就会迎接挑战，完成惊人的任务。更妙的是，你采用他们的想法和建议后就会发现，他们特别希望事情成功，这实在是太好了。

所以，你要如何打造一个环境让每个人都感觉他们是团队的重要成员，并有机会贡献自己最好的想法呢？关键是在组织内建立信任：

（1）假设工作伙伴都想努力工作并作出贡献，你的工作就是让它变成真的。

（2）寻找切实可行的方法来证明，每一个人都很重要并且受到重视。

（3）与工作伙伴分享你知道的一切——让他们作出有意义的贡献。

（4）经常停下来直捣核心地提出问题——例如：“如果你做我的工作，你会怎么做？”

（5）做出回应动作，表明你有针对先前提出的想法采取行动。

关键思维

花了 20 年建立起来的声誉只要 5 分钟就毁了。只要想到这点，你就会有不同的作为。

——沃伦·巴菲特，美国投资家

步骤 4：相信做得到

当工作伙伴听你谈论伟大目标时，他们必然明白你希望获胜。要成功，你就必须相信自己做得到并且信心满满。

那么，要如何培养充足的自信呢？这不是件容易的事，但你可以尝试：

（1）想想另一种可能性——想象自己失败的样子，想想那种感觉有多惨，然后努力工作避免这种情况发生。有时候一点恐惧是健康的，如果它能强迫你专心去做大事。

（2）寻找启发——寻找那种历尽千辛万苦终获成功的人。环顾四周，让自己和团队常与排除万难、创造惊人业绩的人相处，这会让你不禁深思："如果他们能，我为什么不能？"

（3）对于自己相信的事要雄心勃勃——让大家知道你追求成功的意志。

关键思维

74岁时对自己有信心很容易，因为人生已定，生活也过得不错；但重要的是，要对自己有信心，并有心完成自己想做的事。我想如果你这样做，并且尝到一些成功的滋味，有一天你会突然像《小火车做到了》里的小火车一样说："我做到了，我做到了，我做到了。"我是个信念坚定的人，受到许多人的启发，我相信自己能做到以为做不到的事。

——肯·朗格尼，家得宝共同创办人

作为一个领导者，你吸引、栽培、留住人才的能力，是你成功的基础。

——大卫·诺瓦克

二　有个工作伙伴都明白的计划

把事情都想清楚之后，你就要去做些准备，让你的伟大目标得以实现。一般而言需要3个条件：

（1）策略——确认你的目的以及必要的任务。

（2）结构——提供适当的资源及作业程序，让工作伙伴得以执行。

（3）文化——打造一个环境，让工作伙伴可以参与，并以高效率的方式工作。

执行伟大目标的方案大致有3个基本要素，每个要素之间能彼此互补：

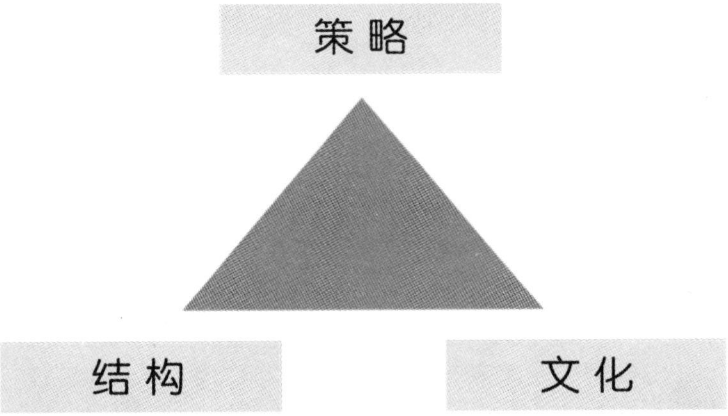

（1）你需要一个工作伙伴能够了解并且把他们凝聚起来的好策略。

（2）你需要强化此策略，并备妥执行计划所需的资源和作业程序。

（3）公司必须要有一种文化，可以让工作伙伴参与并以高效率的方式工作。

要点1：实话实说——包含未来可能的状况

让工作伙伴朝正确方向前进，第一步就是让他们彻底看清真相。让大家看清真实的世界，而不是你期望的样子。换言之，不要去粉饰事实，你只需要提供手头资料的背景由来，呈现目前情况的真相。

对于任何企业来说，“真相”都是由4个不同领域的认知所组成：

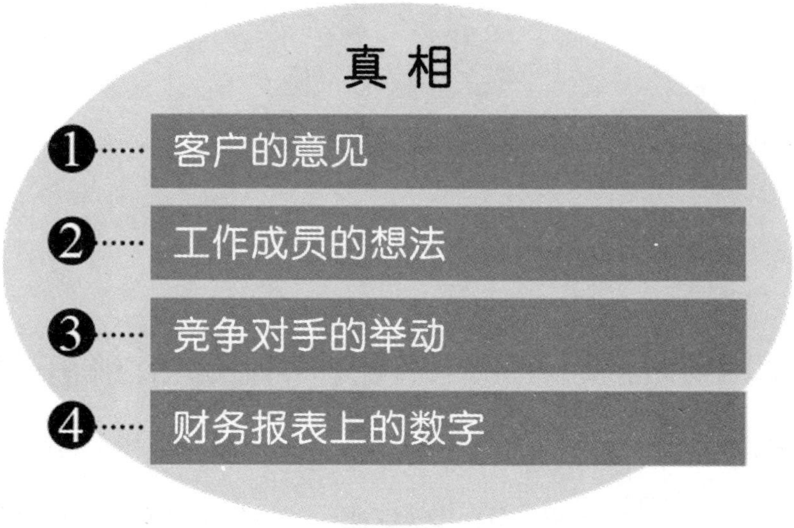

领导者的工作，就是让每个人都以分析的角度去看公司的这些方面。一旦每个人获得一样的信息，并根据同一组事实去看待事情，接着你就让他们参与解决问题。如此一来，你就营造了共识，大家都会把你想做的事当成自己的事。

实话实说的另外一个重要层面是，确认你想从这里到那里，还需要做些什么才能抵达目的地。如果你想再次让工作伙伴自己找出答案，接下来你就可以问：

◎所以，接下来该怎么做？我们接下来该往何处去？

◎我们此刻在这里，还有什么没完成？

◎好的，我们做到这些了。未来，我们还可以做些什么？

关键思维

我认为在面临问题和困难时，界定真实情况相对容易，因为公司多数时候早就知道这些问题了。事实上，由领导者界定，对组织是种解放，因为工作伙伴往往认为那是个禁忌，我们不能去谈论那些事情。企业做得很好的时候尤其难以启齿，工作伙伴也很容易变得自满。然而，在这种情况下，厘清真相同样很重要，因为各种研究显示，最成功的公司正是那些在做得很好的时候能再造自我的公司。

——格雷厄姆·阿伦

百胜餐饮集团首席执行官

要点 2：打造愿景并让它成为工作伙伴的愿景

如果你看一下世界上最成功的几家公司，他们界定的愿景都非常令人动容：

◎Google：整理全球的资讯，方便人人使用而且从中受益。

◎沃尔玛：让一般百姓有机会买得起富人买的东西。

◎迪士尼：带给大家快乐。

◎星巴克：启发和培养人文精神，一次一人、一杯、一个邻里。

◎宝洁：我们将为全球客户提供品质优良的高价值品牌产品和服务，包括现在及将来。

◎百胜集团：要成为喂饱世界、举足轻重的全球企业。

◎福特汽车（1925 年左右）：开放公路给全人类。

要带领公司不断发展，你就要有愿景，而且

要比“多卖掉一些产品”更具启发性。你的愿景要能激发工作伙伴去突破自我，这必须是团队每个成员都能感受到的热情。

虽然这听起来有点违反直觉，但是公司的愿景越大胆、越令人信服，就有越多人受到感召而把它当作自己的愿景。如果你的愿景让工作伙伴感到很自豪，他们就会加入。要记得保持简单，让你所说的内容产生最大的冲击力。

关键思维

确定你目前所做的事，是由一个未来的概念所推动的。

——约翰·奥基夫

要点3：每个层级都要齐心协力

即使你有世界上最好的想法，如果你不能吸引工作伙伴加入进来，就什么事都做不成。齐心协力是你带领工作伙伴完成大事的基础。齐心协力是把工作当作自己的事与当责的关键。

那么究竟如何让人齐心协力呢？步骤如下：

（1）分享愿景和目前的实际情况——帮助工作伙伴去了解你为什么要做这件事。不是去告诉工作伙伴你想要做什么，而是解释你为什么要做。这会让他们投入更多的情感成分。

（2）要求大家发表意见——让工作伙伴表达与你相同或不同的意见，表现出你会聆听他们的建议。如果有人提出一项调整，使你的计划有所改善，感谢他，并把功劳让给他。如果你不接受工作伙伴的想法，告诉他们为什么。让每个人充分发表意见并讨论出最后的想法。

（3）要求投入——让每个人都投入进来，否则所有的一切都是空谈。如果你不要求个人作出投入的承诺，工作伙伴自然会认为一切只不过是说说罢了，而不必马上采取行动。

这时自然会出现的问题是你如何处理激辩的场面，当你要每个人发表意见时，多半会有这种结果。多数人不喜欢冲突，但关键是把大家的努力导向建设性的冲突。通往齐心协力的道路总是充满冲突，提出新想法时就是会有人挑战你。这是件好事，如此一来得出的想法会更经得起考验，只是要不断地把辩论焦点拉回到现实，因为你要的是一个可行的策略，而不是一个理想。

要想齐心协力，必须回答以下3个问题：

（1）你想要工作伙伴做什么？

（2）他们分到什么好处？

（3）你自己也要下海吗？

关键思维

好的领导者必须以目标为工作导向，否则最后你可能只是带着工作伙伴空转。

——大卫·诺瓦克

只要工作伙伴明白你的目标，知道他可以从中得到什么好处，也了解你会像他们一样投入，他们就会加入你的阵营。也只有这样，他们才会尽本分达成目标。

——大卫·诺瓦克

齐心协力非常重要，我做了3件事来实现它：除了告诉工作伙伴做什么事、如何去做之外，还有一项就是告诉他们为什么要做。告诉他们做什么可以让他们动脑筋；告诉他们如何去做可以让他们动手；告诉他们为什么要做则是让他们动心，让你得以制造情感的联系。唯有通过情感的联系，才能达到齐心协力的最佳效果。

——格雷格·克里德

塔可钟连锁餐厅董事长

印第安人有句谚语："说给我听，我会忘记；秀给我看，我可能记不住；让我去做，我就会明白。"

——汤姆·纳尔逊

国际石膏公司总裁兼董事长

要点 4：提供适当的资源和程序

关键思维

说要做一件事容易，真的去做又是另一回事。有了实现伟大目标的策略，你必须安排好架构来实现目标。这表示你得有执行策略时所需要的资源、组织和流程。凑齐这些东西，等于有了可靠的架构，要求工作伙伴共同担起责任。

——大卫·诺瓦克

这件事的挑战是安排稳健的结构来推动执行，其中涉及 3 个部分：

（1）你必须组成一个团队，结合各种技能和专业知识；你不能要一个组员同质性太高的队伍，而是要一个多元化的团队，一个人的强项正

好弥补另一个人的弱点；你还需要营造良好的化学效应。身为领导者，你的工作是为团队吸引、栽培和留住好人才。这件事对长期的成败至关重要，如果你把团队组对了，就会有好的成果。因此一旦组成适当的团队，就要设法以适当的奖励和诱因去动员他们。

（2）你也必须根据伟大目标来配置资源，亦即作出必要的投资以达到目的。你可能需要增设新的职务、聘用新的人员；花钱投资更好的工具，或是集中资源方便不同团队使用。如果你说了一堆，却没有投入具体资源作为后盾，就表示你从来没有把伟大目标真的放在优先位置。

（3）伟大的领导者知道自己商业模式的核心，并依此制定流程和规范。要实现伟大目标，你必须制定出每个人都可以采取的作业程序，即使你没有亲身参与，仍然可以让你朝愿景迈进。

关键思维

在大公司最重要的事就是，你必须成为资源的催生者。我们才刚决定在中国增加1000多名业务员，我的意思是，如果我去等大家由下而上做出预算，要等5年才能做到……我们必须快速采取行动，我需要动用我的支票和影响力，让它尽快实现。因此，我认为优秀领导者的职责就是，在必要时打破自己公司的规定。

——杰夫·伊梅尔特

通用电气公司董事长

如果你明天被公交车撞到了，你的团队或组织能够在没有你的情况下照样运作吗？他们能够继续改善，突破现状吗？如果你的答案是肯定的，那么你是做时钟的人，而不是报时间的人。报时间的人必须亲临现场告诉大家时间，做时钟的人则做出时钟，工作伙伴可以用它来告诉自己时间。

——大卫·诺瓦克

要点5：让“共荣共赢”成为要事

关键思维

你的计划的最后一部分是你的文化。这是许多领导者没想到的一个关键因素，或者根本不重视它。太多人把文化当成企业里“无足轻重”的东西，不像销售数字或财务回报这种实在的成果一样重要。但是拥有适当的文化，培育正能量和获得成功，不仅对于完成当前目标至关重要，而且也攸关你和团队未来要完成的任何一件事。伟大的文化可以让你得到那些实实在在的成果，并且持续做到。

——大卫·诺瓦克

实际来说，企业文化就是你工作的环境，综合了你的价值观、工作氛围、员工态度和团队安排。想实现伟大目标，就要打造一个“我们团结一致，并且要一起获得胜利”的职场文化。

关键思维

我们唯一拥有的就是彼此，我们唯一有的竞争优势就是公司的文化和价值观。任何人都可以开家咖啡店，我们没有技术，没有专利。我们仅有的是以公司价值观为核心建立的关系，以及我们每天带给顾客的东西。我们都必须拥有它。

——霍华德·舒尔茨
星巴克董事长兼总裁

那么，你该如何打造一种大家一起获胜的文化呢？一般原则包括：

（1）清楚表明你的立场——并且不断重复此立场，贯彻到底。

（2）营造一些共享的经验——让每个人在共同的平台上工作。

（3）不断替工作伙伴创造崭新而美好的记忆——要持续不断地创造佳绩，而不是一直沉湎于过去的成就。

（4）做出领导者应有的表率——完全负责自己的文化并公开奉行。工作伙伴往往模仿领导者的行为，因此，一定要确保你在对组织持续传达正确的指示。

（5）聘请与你的企业文化契合的新人——他们会加入并充满热情地做正确的事。

（6）重视企业文化——给予它组织内最尊荣的地位。每当你的团队成功时，就指出这是企业文化发挥作用的证据。只要有机会，就强调所有成果皆来源于企业文化。

关键思维

让公司每个人都知道你的立场是非常重要的。在录用一个人之前，我们会先坐下来谈谈信念；我们在从事任何业务时都会谈到它；做任何展示之前也不可能不提它。我认为，认清自己是谁，坚持什么主张是极其重要的。让工作伙伴团结一致真的很重要。你到世界任何地方的强生公司，都会看到我们的信念以各种语言贴在墙上，这正是我晚上能够睡踏实的主要原因——我知道，我们所有的员工都盯紧相同的优先顺序，有着共同的责任，并且以我们感到自豪的方式做我们期待的事。

——比尔·韦尔登，强生公司董事长

三　确实执行并让工作伙伴当责

为了得到想要的成果，你必须每天持续地执行。你必须清楚意识到必须做好什么，并有动力让它不断发生。你的任务就是让工作伙伴当责。

要点 1：推销你试图想作的改变

身为领导者，你必须成为你想达成目标的活广告，你必须像推销新产品一样推销你的伟大目标。换句话说，你必须说服工作伙伴自己是来真的，并且一遍又一遍地展示这个重点，如果你确实有必要消除杂音和噪音的话。

那么，你要如何做到这一点？

（1）做些完全意想不到的事——用一些有趣、搞笑的东西奖励工作伙伴；或用手写的字条表达个人的感谢。在今天这个时代，已经没有人这样做了，工作伙伴会特别看重收到字条，因为这很不一般。

（2）展现你想要的变革——可以在墙壁上挂上你想要实现的改变或表现格外优秀的工作伙伴的照片；你也可以像星巴克一样，让所有店面休息一天，在一天内完成 11 万人的培训工作；或在会议室备好各种资料，让工作伙伴评估审视，好好了解目前的状况；采取大胆的举措，工作伙伴对你的优先考虑就不会再有怀疑。

（3）庆祝失败——当事情发展未如预期时，要一肩扛下。做生意难免失败，不必刻意遮掩。说出事情经过、诊断问题症结、想出新的方法，然后声明经过这次之后你会做得更好。工作伙伴会对此表示尊重并积极参与。

关键思维

功劳不属于追究责任的人，也不属于指出强人如何倒台，或指点别人该如何做得更好的人。功劳归属于竞技场上的人。他的脸上沾满尘埃和血汗；他英勇奋战；因为错误和缺失在所难免，所以他不断出错、一次又一次功败垂成，但他奋战不止；他满腔热血、全力以赴；他投身于崇高的事业；他知道最好的结果是功成名就；即使不幸落败，至少敢勇于挑战。因此，他不会被归类为冷血胆小之辈，因为这类人不知道什么叫胜利，什么叫失败。

——西奥多·罗斯福，美国第26任总统

要点2：理解并克服障碍

即使你使出浑身解数带领工作伙伴朝你的伟大目标努力，仍然会有凡事说不的人说："办不到！"如果你不处理这些人，你的各级员工会开始怀疑他们自己到底是不是对的。

关键思维

我仍然相信，胸怀壮志、努力实现伟大目标的勇气可嘉；但同样重要的是，在采取任何行动前，你必须先听取大家关心的事以及考虑所有阻挠成功的潜在障碍。这需要耐心，并相信自己的判断，如果你这步做对了，敞开胸怀去接受反对者可能是对的这一事实，并不会让你产生自我怀疑，反而会扩大你的知识面和改变你的观点。这一切都会让你对自己走的路更有信心。

——大卫·诺瓦克

那么，有人表示怀疑时该怎么做呢？理想的4个回应步骤是：

1. 听他们把话说完——努力理解他们的想法和感受
2. 如果他们的反对有理，把他们的改善意见纳入计划
3. 听取意见后要作出结论，不要没完没了地分析，影响工作
4. 总是做正确的事，反对便会逐步消失

可以一试的方法还包括：

（1）提出反问——问他们如何解决这个问题，看看是否可以整合出可行的解决方案。

（2）要记住，反对者可能根本没有做足功课——因此你要大胆作出对的决定并继续推进。

（3）找到你需要的勇气——深入研究，证明你所作的决定是正确的。

（4）如果这些都没用，就解雇愤世嫉俗者——告诉他们如果不能撇开个人意见按照你的要求去做，那么他们最好另谋高就。团队中容不下专门跟你唱反调的人，如果无法让他们加入，就让他们走人。

关键思维

你就得去听组织里那些人的观点，你猜为什么？因为他们可能是对的！所以不要对他们不屑一顾。但我发现这种情况往往有个模式：因为反对者总是唱反调，一旦你有个新提议，你就会告诉自己："我猜泰德肯定不会同意。"你可以为它辩论，以开放和明确的方式进行讨论，但最后一定要作出决定。你最终作出决定时，一定要告诉那些反对者："列车要离站了，我真的希望你们在车上。"这时没有明说的是，如果他们不加入，最好另投明主。

——大卫·格里索姆

五福资本公司董事长

要点3：以表扬来提高绩效

关键思维

为了确定你表扬的是有益于公司的事，你需要一套办法来追踪进度，并确认事情发展得是否顺利。能驱策工作伙伴的就是真正的评估标准。你选择评估什么，等于给工作伙伴一个信息，透露你关心什么，他们需要做什么才能在公司有发展。

——大卫·诺瓦克

实际情况是，只要与实现目标有关的事，你就必须去评估它。每个人都需要感受到进展，以驱策他们前进。因此，最好有实际的和无形的评估标准，一直不断地累积下去。关键是让这些评估标准有意义，但这时你也必须小心处理，因为进展和成功不能混为一谈。

当你使用记分卡评估进展时，你必须明确表示逐步取得进展是不够的，方式有：

（1）只要留意几个关键评估标准，而不是一大堆，然后让工作伙伴知道你真的想在这几个关键领域突飞猛进，而不是取得均衡的表现。这方面绝对是少比多好，就只集中注意关键的少数。

（2）突显表现一流的工作伙伴。根据有形、可评估的结果来奖励他们。

（3）当评估工作难推进时，要准备好采取干净利落的行动。当事情做得未如预期时，要有意地去开展谈话。

（4）仔细思考做到了什么以及是如何做到的。

如果你用记分卡好好地评估了你的进展，并有明确的成功基准，那么大家都可以看到朝向你的伟大目标所达成的进展。这让你一路上都有庆祝的好理由，不必非得等到抵达终点不可，途中到达重要里程碑时便可庆祝。工作人员的士气将会为之一振。

关键思维

了解并表明你还不满意且不想维持现状，但仍要花些时间与大家庆贺一些进展。只要有进展就值得庆贺。我知道有些人认为，如果告诉工作伙伴说“做得好”，等于解除了压力，他们就不会再像之前一样努力工作。如果真是如此，我不得不说，真正的问题在于你用了错误的人来帮你做事。

——大卫·诺瓦克

要点 4：牢记变化永不终止

关键思维

真正的成功在于，认清还有更多事情要学要做，绝不可松懈。变化永远不会终止，公司业务的增长和自我的成长也是如此。

——大卫·诺瓦克

有 3 个好办法可以把伟大目标放在自己和目标客户心中的首位：

（1）工作伙伴很容易分心去处理其他紧急事项。要克服这点，你就必须坚守你所关注的事情，把资源分配在原本要做的事情上。

（2）千万别停止谈论你的伟大目标。工作伙伴不听个四五遍，根本不会知道你在说什么。要让工作伙伴向前走，你必须不断地陈述你要做什么，为什么要做，打算怎么做。即使对你来说是老生常谈，但还是要坚守不放。每次演说和采访时，要不断重提你的伟大目标。

（3）虽然你每天上班都深信将来终会获得成功，但只要记分板上有些事情落后了，你就得使出全力。这是赢家应有的态度，也是你必须做到的，时时保持专注、保持警觉，不要故步自封。要像激光光束一样聚焦于未竟的事业，市场不断变化，你需要不断调整并且做得更好。

重点是每当你完成一个伟大目标，就要把门槛提高一点。要追求长远的事业成功，就得靠永无止境的进展。让每个人全力完成目前的伟大目标，完成后再重新开始迈向更伟大的目标。

关键思维

我的看法是，你现在有两件大事要做：第一是完成自己设定伟大目标，第二就是改善你本人。在这两个领域，你可以微幅行进或大幅跃进，决定权完全在你。面对你自己时，我鼓励你以完成其他目标相同的方式去思考。

确定你想改变什么，制定一个改善自己和技能的计划，设定期限和标杆，并寻求回应和帮助。我认为同时做这两件事完全合乎实际，因为做更伟大的事，与让自己变得更好，是相辅相成的。你不太可能只做到其中一件。

——大卫·诺瓦克

Google 传奇

The Google Story

Inside the Hottest Business, Media and
Technology Success of Our Time

原著作者简介

大卫·怀斯（David Vise），毕业于美国宾夕法尼亚大学沃顿商学院，曾在高盛投资公司担任投资银行家，《华盛顿邮报》记者。1990年获得普利策奖，著有《联邦调查局的双重间谍》等图书。

马克·马西德（Mark Malseed），毕业于美国理海大学，作家、研究员，为《华盛顿邮报》和《波士顿先驱报》撰稿。马西德为2本畅销书撰文，分别是《袭击计划》以及《战火中的布什》。

本文编译：林锦慧

主要内容

关键词解读

搜索引擎

搜索引擎的始祖，是加拿大麦吉尔大学的艾伦·安塔吉（Alan Emtage）等3名学生在1990年发明的程序阿奇（Archie），可以用文件名搜索散布在各个FTP主机中的文件。而我们现在熟悉的搜索引擎，则出现于1994年7月。美国卡内基梅隆大学教授莫尔丁（Michael Mauldin），利用“蜘蛛爬行”技术创造了网站查询软件Lycos，而“网络蜘蛛”也成为各个搜索引擎提供信息时最常使用到的程序。网络蜘蛛是自动搜索并撷取互联网上HTML页面的信息搜集器，可以把网站及网页内容通通抓回来，再把不相干或重复的信息去掉，送进资料库。而“蜘蛛”浏览的动作，也被称为“爬取”资料。

常用的搜索网站，依照运作方式可以分为目

录索引和全文搜索引擎两种。严格来说，目录索引不算是真正的搜索引擎，而是按照目录分类的网站联系列表。最具代表性的有雅虎、新浪等。而全文搜索引擎的运作方式则是，从网络上撷取各个网站的信息（以网页文字为主）构成资料库，检索符合使用者查询条件的相关记录，然后按照一定的排序方式把结果传回给使用者，是真正具有搜索功能的搜索引擎。最具代表性的有Google、AltaVista、百度等。

付费排序和付费置入

付费排序和付费置入，是两种在搜索引擎上刊登广告的网络广告形式。付费排序是指广告主付费给搜索引擎公司，提高自己网站的搜索结果排名。而付费置入则是广告主付费让自己的网站索引“强行”列入某些特定类别或关键字的“自然搜索”结果中。也就是说，不论是分类搜索或是关键字搜索，得到的搜索结果不一定完全按照真实的关联程度排列。为厘清付费搜索与自然搜索之间的模糊界线，美国联邦贸易委员会（Federal Trade Commission，FTC）在 2002 年 6 月指出，搜索引擎应该“清楚而明显地宣告”“广告就是广告”。

Google 可以说是恪守 FTC 规范的模范生。在 Google 刊登的广告，一律出现在搜索结果网页右边的广告区域，不仅明显区隔、清楚标明是“赞助联系”，还严格要求广告主遵守广告用字规范。相较于 Google，被雅虎并购的 Overture 搜索引擎则是把付费排序和置入发挥到极致，直接宣示自己是“商业搜索服务”网站，并且在每个付费排序的搜索结果后面，加注“赞助排列”字样。单就 Overture 搜索引擎网站来说，的确做到了“广告就是广告”。但是对于与 Google 拆伙，改用自家搜索引擎的雅虎来说，则难免招致非议。

轻松读大师

一　绝妙点子诞生

关键思维

自从古腾堡在500多年前发明现代印刷机，让大众可以便宜且方便地取得书籍和重要科学著作之后，再没有任何新发明像Google一样，开放给每一个人使用，并且彻底改变了获取信息的渠道。Google的网页设计简洁，只在一片纯白的背景上，搭配色彩丰富、富有童趣的Google标志。就在这样简洁的网页上，Google每天可以迅速回应无数次查询，这种神奇能力已经改变了大家寻找资料、了解最新消息的方式。似乎就在一夜之间，Google已经融入大家的日常生活中，成为不可或缺的一部分。每天有数百万人用超过100种语言使用Google，而且已经把Google和互联网视为一体。不管想要搜索什么资料，只要在电脑或手机上搜索一下，马上就能得到答案。男女老少都深深地依赖Google，甚至已经无法想象，少了Google自己要怎么过日子。

——大卫·怀斯　马克·马西德

共同创办Google的两位年轻人谢尔盖·布林和拉里·佩奇，其实从来没打算要改变世界。这样的说法听起来或许有点奇怪，因为Google目前的市值超过了迪士尼和通用汽车市值的总和。Google在1998年成立的时候，甚至连事业计划和明确的运营策略都没有。布林和佩奇不过是强烈地想要创新，并且打造出优质的工作环境，让最优秀、最聪明的人可以做好玩的事情。

布林1973年8月21日出生于俄罗斯的莫斯科。在布林6岁的时候，他的父母从俄罗斯移民到美国。布林的父母都受过高等教育，母亲是一名科学家，目前任职于美国国家航空航天局“戈达德太空飞行中心”，父亲则是马里兰大学数学教授。因此，布林的家庭对教育非常重视。布林

19 岁的时候就从马里兰大学毕业，以优异的成绩获得数学与电脑科学双学位。然后布林获得了美国国家科学基金会的研究生奖学金，在斯坦福大学攻读博士学位。

佩奇 1973 年 3 月 26 日出生于美国密歇根州。佩奇的父亲卡尔是密歇根大学首批获得电脑科学学位的学生之一，所以佩奇成长过程中一直与电脑为伴。佩奇的母亲拥有电脑科学的硕士学位，曾任资料库技术顾问。佩奇的父母都曾在密歇根州立大学执教，不过在佩奇 8 岁的时候离婚。佩奇 1995 年从密歇根大学毕业，主修电脑工程，然后同样到斯坦福大学攻读博士学位。

佩奇和布林第一次见面是在 1995 年，当时布林正在斯坦福筹办迎新活动。两人当时一见如故，主要的原因是两个人都喜欢争论，任何大小事都可以当作争论的话题。佩奇和布林都觉得对方很讨人厌，也都把对方当成不可小觑的聪明对手。没过多久，两人就开始针对各种想得到的主题进行言词交锋。布林的嗓门比较大，也比较外向，而佩奇则比较安静，也比较内敛，但是两人你来我往的相处模式，奠定了两人日后深厚友谊的基础。

因为佩奇和布林的父亲都是大学教授，所以两人一向很自然地认为，自己也会在学术界发展。布林的指导教授莫特瓦尼，指点了布林一个很好的博士论文题目，就是去找出搜索资料的新方法，让使用者可以从堆积如山的资料中找到真正有用的资料。在 20 世纪 90 年代中期，想在互联网上找到资料还非常困难，那时的互联网没有纪律，没有条理，也没人能够管理。那是第一代搜索引擎出现的年代，当时的搜索引擎有 WebCrawler、Lycos、Magellan、Infoseek、Excite 以及 HotBot 等。为了应对资料搜索的需求，另外两位斯坦福博士候选人杨致远与大卫·费罗，开始编写依字母顺序排序、人力汇编的网络搜索目录，这个目录最后就成了雅虎。莫特瓦尼告诉布林，或许有更聪明、更好的搜索方法。

关键思维

同一时间，佩奇开始使用名为 AltaVista 的新搜索引擎在全球资讯网上搜索。AltaVista 搜索的效率比其他搜索引擎更好、更快，但是佩奇的注意力却完全放在另一件事上。AltaVista 的搜索结果除了列出网站之外，还包含了一项看起来难以理解的资料，称为“链接”。链接让全球资讯网更有活力，电脑使用者在看到被特别标明的单字或词组时，如果想知道更多资料，就可以点击该链接，马上连到另一个网页。佩奇没有把注意力放在 AltaVista 的主要搜索结果上，反而开始思考，如果好好分析这些链接会有什么发现。

——大卫·怀斯　马克·马西德

佩奇决定深入研究链接，并且分析加强链接

功能的方法。为了测试自己的理论，佩奇做了个大胆的决定，把整个全球资讯网下载到自己的电脑里，他以为这件事很简单，而且很快就可以做到。佩奇运行了一个名为“蜘蛛”的自动化软件，系统地进入每一个网站，并且下载网站内容。不出所料，这项尝试以失败告终，佩奇没能下载整个全球资讯网，但是这个计划看起来确实大有可为。布林和指导教授莫特瓦尼都认为，佩奇把重点放在链接的做法，有希望提升全球资讯网搜索方面的研究。

佩奇发展出一套原理。就如同学术论文总是会引用其他文章一样，佩奇认为不是所有链接的价值都一样。佩奇认为，连往重要网页的链接，其重要性应该比连往默默无闻而且点击率低的网站链接来得高。佩奇开发出一套排序系统，根据这套系统，最常被链接的网站，重要性比鲜少被链接的网站更高。佩奇做了个鲁莽又好玩的决定，用自己的名字为这套排序系统命名，就叫做

"佩奇榜"。

佩奇和布林在 1997 年年初决定合作撰写博士论文，主题就是佩奇榜在互联网上的应用。两人甚至发明了一个叫做"爪耙子"的原始搜索引擎，这个搜索引擎可以分析所有的网页链接。两人并不清楚，自己开发的，其实是第一套互联网的排序系统，而这套系统后来解决了网络搜索最主要的问题之一。

佩奇和布林决定替自己的新搜索引擎取个好记的名字。两个人虽然花了好几天想出一些新点子，但一个又一个给否决了。最后有个朋友建议，既然他们想要建立搜索和索引庞大资料的功能，可以用"googolplex"这类表示庞大数字的单词来命名。这点子听起来不错，但是他们决定把这个词缩短成 googol。不过，佩奇打字的时候把这个字拼错了，最后变成了 Google。因为这个名字没有人用，佩奇和布林就干脆为自己的新搜索引擎注册了一个域名：Google. com。

二　启动 Google

1997 年，佩奇和布林仍然只把 Google. com 当成是自己的博士研究计划，因此两人把这个搜索引擎开放给斯坦福大学的学生、教职员工以及朋友使用。通过口碑推荐，Google. com 的人气开始快速攀升。斯坦福大学的技术授权部门因而决定，为 Google. com 的技术申请专利。

因为佩奇和布林没钱聘请网页设计人员，所以他们设计的网页非常简单，画面整洁。网页上其实只有搜索引擎的名字，还有一个可以填入搜索关键字的空格。这跟其他搜索引擎形成强烈对比，其他搜索引擎的网页塞满了图像，以及一大堆推销商品的横幅广告。

为了迎合搜索的需求，佩奇和布林开始增强服务器的运算能力。因为两人买不起更好的设备，所以他们开始自己组装电脑，用软件把电脑串联起来。他们还到校园里四处寻找，甚至搜刮校园卸货台上没人认领的电脑。斯坦福大学也提供了 1 万美元，协助两人扩充服务器。

在这个阶段，佩奇和布林还是对 Google 抱着相当矛盾的态度。虽然 Google 是他们的博士研究计划，但是他们也了解 Google 有相当不错的商业潜力。两个人决定，要把佩奇榜的技术和这套搜索引擎软件出售。他们去见了 AltaVista、Excite 和雅虎的老板，开价 100 万美元出售自己的技术。每个老板都不愿意购买 Google。雅虎的创办人之一费罗建议佩奇和布林，应该暂时放下斯坦福的博士课程自己创业，把他们的搜索引擎商业化。即使受到了这样的鼓励，布林和佩奇还是举棋不定，不确定自己该怎么做。

佩奇和布林虽然没有决定下一步该怎么做，但还是继续努力去改进 Google。到了 1998 年 7 月，他们替每一笔搜索结果增加了摘要，也就是简短的内容片段。这个做法让使用者可以初步了解搜索结果，不必每个网页都看。他们还继续日夜不停地工作，开发出其他突破性做法，强化使用者使用Google的体验。佩奇和布林最后终于决定商业化发展Google，他们必须离开校园去吸引财务支持。

佩奇和布林的一位教授建议他们去找安迪·贝多生。贝多生是帕洛阿图市最著名的创业家之一，曾经共同创办过太阳微系统公司，也是多家成功企业早期的投资人。贝多生见了佩奇和布林，对他们的点子印象很深刻，再加上他们已经有了确实可用的产品，而不只是列在PPT中的点子。贝多生坦白地告诉他们："这是我这几年来听过的最棒的点子，我想要参与一下。"

佩奇和布林当时不知道该怎么回应贝多生，于是贝多生提议，自己先当场开一张支票给佩奇和布林，让他们可以用来买电脑。然后他们可以再碰个面，看看贝多生的投资可以获得什么样的报酬。贝多生甚至没问佩奇和布林有没有正式登记成立公司，就写了一张给“Google 有限公司”的 10 万美元的支票，而贝多生之所以决定给这个数字，是因为 10 万是个漂亮的整数。

佩奇和布林因为贝多生投下的这张信任票而大感振奋，于是到汉堡王吃午餐庆祝了一番。佩奇把支票放在书桌抽屉里两个星期，一直到他们正式成立 Google 公司，并且以公司名义在银行开户，这张支票才有办法兑现。他们还发现，其他人对贝多生支持的任何计划都有兴趣，想立刻投资，于是两人很快就募集到了 100 万美元的创业资金。他们也注意到，在短短几个月之内募集到的创业资金数量，就跟当初他们要卖掉自己技术的金额是一样的。

佩奇和布林很清楚，要做到优质的搜索不仅要有正确的运算法，还要有更强大的运算能力，这样的运算能力是以前的搜索引擎从来没有的。简单来说，Google 的搜索结果比较准确的原因是，Google 不只把文字或链接纳入运算，而且为了得到更好的搜索结果，考虑到比其他任何搜索引擎更多的因素。佩奇和布林了解到，他们未来成功的关键是，在不断改进搜索软件与方法的同时，把运算能力发挥到极致。

关键思维

佩奇榜的基本原理是，如果某个网站放上了你的网页链接，你的网页就可以根据那个网站的重要性获得排名加分。如果有某个很重要的网站放了你的链接，加分效果要比普通网页好得多。我们会根据网页的重要性给予对应的排名分数。每个放上你网页链接的网站都会产生排名分数，而网页的排名就是所有排名分数的总和。

——拉里·佩奇

三　两家创投共同投资

1998 年秋天，佩奇和布林正式从斯坦福大学休学，把自己的电脑、玩具和一些小玩意搬到附近一栋房子的车库里。佩奇和布林选择这个地点的主要原因是，这个房子有一个可以泡热水澡的大浴池。Google 公司在 1998 年 9 月 7 日正式登记成立，两人也聘请了第一名员工，也是斯坦福的博士生。布林和佩奇的第一间车库兼办公室每个月房租 1700 美元，不到 5 个月，他们就开始扩充办公室，把 Google 搬到帕洛阿图市中心一栋办公大楼的 2 楼。

在这个阶段，不论是两位创办人还是初期的投资人，没有任何人知道 Google 要如何赚钱。两人只是假设，最棒的搜索引擎一定会很有价值，但是从来没有清楚说明商业化策略。在这个时候，Google 每天要处理 10 万次查询，并且尝试把所有找得到的人才都网罗进来。为了吸引人才，佩奇和布林提供了多项条件，包括酷炫的科技、股票选择权、免费的点心和饮料，还有“让数百万人使用、欣赏你设计的软件的机会”。

在《个人电脑》杂志把Google列为1998年“百大网站与搜索引擎”之一以后，Google吸引了更多使用者。短短几个月之内，Google每天要固定提供50万次搜索服务。为了满足需求，Google必须不断加强运算能力。正式成立不到8个月的时间，Google就已经把一开始募得的100万创业资金花光了。显然，公司必须找到一大笔资金才能维持成长。布林和佩奇知道自己必须去接触一些创投家，募集更多的资金，但是他们绝对不愿意把公司主导权拱手相让。因此，他们想出一个跟自己搜索引擎一样聪明的新奇集资策略。

佩奇和布林决定同时去找两家硅谷最负盛名的创投公司，凯鹏华盈创投公司以及红杉创投。

佩奇和布林的目标是，希望这两家创投公司都投资 Google，而且都不要掌控公司。布林和佩奇之所以去找两家创投公司，而不是只找一家，就是希望让这两家创投彼此角力，维持自己对 Google 的主导权。抱着这种想法，佩奇和布林拜访了凯鹏华盈创投的约翰·杜尔，以及红杉创投的迈克尔·莫瑞兹。这两家企业都有意愿投资 Google，但是也都不愿意共同投资。直到布林和佩奇开始寻求另一组天使投资人作为替代方案，这两家创投才同意接受这种独一无二的集资方式。最后，凯鹏华盈创投和红杉创投分别投资了 1250 万美元。不过这两家创投附加了一项投资条件，要求两位创办人承诺，会从业界延揽有经验的高级主管，帮他们把搜索引擎变成有获利能力的企业。佩奇和布林答应了这项要求，因为他们盘算好了，要尽可能拖延聘请“成人督导”的时间。

Google 在 1999 年 6 月获得了 2500 万美元的扩展资金。到了这个阶段，Google 已经有 17 位员工。第 18 位员工是脑部外科医师吉姆·里斯，职务是 Google 的运营工程师。里斯的工作是增强 Google 的运算能力，帮助佩奇和布林积极地让公司成长。Google 并没有把钱花在超级电脑上，而是再次购买一堆廉价的个人电脑，然后把个人电脑拼凑成网络。这套电脑系统的优点不只是价格便宜，而且如果有电脑损坏还可以随时替换，不会有效能降低的问题。Google 把资料和运算工作分散到很多个位于不同地点的电脑系统上，不同系统重复操作相同作业，形成备援网络，不会因为任何一个资料中心遇到停电或其他状况而造成服务中断。到了 1999 年夏天，Google 已经从 300 台电脑扩充到超过 4000 台电脑的规模。

在如火如荼地加强各项基础建设的同时，Google 仍然持续引起更多的关注。当时首屈一指的搜索引擎评论员是丹尼·苏利文，曾任《洛杉矶时报》以及《橘郡纪事报》的记者。苏利文研究了所有搜索引擎的检索方式，发表了一篇名为《网管人员搜索引擎指南》的研究。苏利文还建了一个名叫“搜索引擎观察站”的网站，成为搜索引擎产业的导师。苏利文把 Google 评为最佳的搜索引擎，此后大家才真正开始正视 Google。因为有苏利文和其他评论员的推荐，Google 没花任何广告或营销费用，就达到了宣传和提升业务的效果。

到了 1999 年年底，Google 平均每天的搜索量大约是 700 万次。这个数目相当惊人，但是这项业务仍然没有创造出可观的收入。看起来 Google 好像会烧光所有资金，然后消失在黑夜里。

关键思维

最原始的生意点子是，把 Google 的搜索引擎技术授权给各种互联网公司或一般企业。在第一年，我们都很担心自己追求的市场比原先预料的要困难和棘手得多。我们与潜在顾客沟通协商的时间变长了。竞争对手很多，而且我们也没有专门的业务人员。顾客非常严格地掌握自己的预算，显然如果我们要走授权那条路，路上将会布满荆棘。

——迈克尔·莫瑞兹

如果授权 Google 技术的方法无法获利，Google 唯一可以赚取现金的可行替代方案就是卖广告。布林和佩奇原本非常不愿意走上卖广告这条路，因为他们觉得其他搜索引擎的搜索结果都会偏向付钱的广告主。Google 完全不能接受这样的想法，认为这样是违背诚信的。这样做甚至会违反佩奇和布林为 Google 立下的企业精神：不作恶。

最后，布林和佩奇想出一个创造收入的新点子。他们决定把搜索结果的页面分成两部分。页面左边是搜索结果，仍然免费，而且会提供最适当的搜索结果，是不是 Google 的广告主都不会影响自己网页的排名。在搜索结果页面的右边，会依照使用者搜索的内容，列出相关的广告。广告主可以付费刊登广告，使自己的广告在使用者进行某个特定的搜索时出现，甚至连这些广告也会依据与搜索内容的相关程度来排序。佩奇和布林还决定，这些广告应该用文字的形式呈现，只能有标题、链接和简短的说明，就像免费的搜索结果一样。

关键思维

Google 优越的搜索能力足以吸引很多广告主来刊登广告，但是广告效益如何还有待观察。到了 2000 年，Google 每天要处理 1500 万次搜索，而在一年半前才只有 1 万次。电脑用户蜂拥到 Google 的网站上，但是他们也会开始点击广告，让其他企业可以卖产品，而且让 Google 的财务模式维持下去吗？布林和佩奇仍然信心满满，但是很多人对此感到怀疑，因为 Google 免费奉送搜索结果，并且拒绝接受在搜索结果网页刊登横幅广告，也不同意让广告主付费换取较高的搜索排名，所以他们质疑Google运营能否以惊人的速度成功。

——大卫·怀斯　马克·马西德

就在拭目以待这项新的运营模式是否能成功时，Google还是在不断扩张。由于网络公司的股票市值大幅滑落，许多网络公司纷纷在2000年缩小运营规模，但Google却在招兵买马。同样，由于微软备受瞩目的反托拉斯诉讼案件，以前向往到微软工作的软件工程师，现在也开始应征Google的工作。Google持续用惊人的速度进行了下列几项创新：

（1）推出无线搜索功能，手机用户在行进间也可以用Google搜索资料。

（2）Google允许其他网站把Google的搜索窗格加进网站中。Google还创造出一种创新的伙伴计划，只要通过其他网站使用Google搜索资料，Google甚至会以一次搜索3美分的价格向这些网站支付费用。

（3）Google 与雅虎达成协议，由 Google 的搜索引擎提供搜索结果，但是挂雅虎的品牌。

（4）Google 推出新功能，可以检查拼写错误、在网络上搜索图片、查询电话号码。

到了 2001 年年底，Google 成立满 3 年，也是首度出现获利的一年，该年获利 700 万美元。

关键思维

布林和佩奇在布建电脑基础设施时，花钱花得很谨慎，但是在创造 Google 总部的贴切文化，以及培养 Google 员工强烈的忠诚度与工作满意度上，却从毫不吝惜。Google 文化的产物包括色彩鲜艳的“药球”（运动或复健用的皮球）、熔岩灯，以及随处可见的各式各样的小玩意与玩具等，这些使得 Google 具有大学校园般生气蓬勃的吸引力。布林和佩奇相信，长期下来这一切努力一定会有丰厚的回报。现在在 Google 董事长佩奇还有总裁布林手下效命的85名员工，工作时间虽然很长，但是受到家人般的对待。在饮食方面也有在家的感觉，有免费的餐点、健康果汁，以及丰盛的点心。Google员工也享有一大堆便利的服务，例如洗衣、发型设计、牙科与医疗看护、洗车等，后来又增加了日间托管、带有个人教练的健身设施，还有专业按摩师，这使得员工几乎不必离开办公室一步。另外还有沙滩排球、美式橄榄球、滑轮曲棍球、小绵羊短跑道赛车、棕榈树、豆袋椅（小球粒或泡沫塑料充填的椅子），甚至连狗都有，而这一切都是为了让工作变得有趣，并且打造出一个有创意、好玩的工作环境，让大部分年轻单身的Google员工，只要醒着就会想待在公司。Google甚至租下巴士，在上面装设无线上网设备，方便从旧金山通勤上班的员工在上班路上仍然保持生产力，把精力花在自己的笔记本电脑上，而不是担心要怎么上班。

——大卫·怀斯　马克·马西德

四　关键字大拍卖

虽然 Google 开始获利，但是两家创投公司仍然坚持，佩奇和布林要聘请有管理经验的人协助他们经营公司。佩奇和布林非常重视自己的自主权，而且尽可能地拖延。两家创投公司不断寻找人选与佩奇和布林进行面谈，但都被他们回绝了。一直到红杉创投威胁要撤回 1250 万美元的投资，佩奇和布林才真正开始认真考虑聘请专业经理人。

佩奇和布林最后约见了埃里克·施密特。施密特是网络服务软件商 Novell 公司的董事长。双方第一次见面其实不甚愉快，因为布林和施密特进行了一场长时间的唇枪舌战，争论焦点是施密特在 Novell 实施的策略。不过，施密特为自己的观点争辩时展现的热情，给佩奇和布林留下了深刻印象。施密特拥有加州大学伯克莱分校电脑科学博士学位，这也赢得了佩奇和布林的尊重。

经过几次闭门会议之后，佩奇和布林同意施密特出任 Google 董事长。施密特协助 Novell 完成即将进行的出售案之后，就接任了 Google 的董事长。佩奇和布林认为施密特应该展现一下决心，买下 100 万美元的 Google 优先股。施密特同意这项要求，于是双方在 2001 年 3 月签订合约。2001 年 7 月施密特被任命为 Google 的董事长。

Google 的两位创办人依然努力拓展自己的事业。佩奇和布林在 2002 年与美国在线达成协议（美国在线有超过 3400 万名用户），在美国在线的每一个网页上提供一个小小的搜索窗格，上面写着："采用 Google 搜索引擎。"Google 也与网络服务提供商 EarthLink 达成了类似的交易，提供搜索服务。另外 Google 也提供搜索引擎公司 AskJeeves 文字广告。Google 还改变广告收费的方式，广告主只有在广告被点击的时候才需付费，而不是广告显示在电脑显示器上就要付费。Google创造了一个全年无休的市场，广告主可以根据特定的单字或词组来购买广告。

关键思维

大大小小的企业都参加了这场关键字大拍卖，每季度花费数百美元到数百万美元不等的金额，购买Google的广告页面。Google采用彻底颠覆传统广告方式的做法，由广告主自己决定要付多少费用来取得曝光机会，而不是采用电视和报纸过去一贯的做法，由Google制定广告价格。由于这套做法的自助式本质以及极为低廉的广告底价，连没有业务人员编制的小公司都可以投入这场广告竞标。在Google，家庭商店型的企业和《财富》500强企业都享有同样的机会，都能接触到千百万的Google使用者。

——大卫·怀斯　马克·马西德

Google 的广告主可以接触到马上准备购买的潜在顾客，使得在 Google 刊登广告变成效益极高的宣传方式，因此 Google 的网上广告业务增长十分迅速。Google 也与最大、最知名的网站合作，譬如雅虎、美国在线、EarthLink 和 AskJeeves 等。现在有超过 2.5 万个网站放上了 Google 的搜索窗格，这样的链接创造出庞大的网络，让任何竞争对手都很难匹敌或复制。靠着搜索引擎这项业务，Google 在 2002 年创造了 4.5 亿美元的营收，获利 1 亿美元。当然，Google 对这些运营数字秘而不宣，以免被其他有资源自己开发或收购搜索引擎的企业盯上，但是 Google 的运营状况的确非常好。Google 的表现一直很好，有望成为所有想在网络上刊登广告的广告主的首选。

五　Google 哲学

从 Google 成立的第一天开始，布林和佩奇就规定，所有软件工程师都应该至少把 20％的工作时间，也就是 1 周中至少有 1 天的时间，花在自己感兴趣的计划上。布林和佩奇认为这样可以让大家了解，Google 是个让聪明人来做好玩的事的地方。这项规定的灵感来自两位创办人的家庭教育背景，两个人的父亲都是大学教授，而且都是 1 周教学 4 天，另外 1 天用来做自己的研究。

关键思维

这个 20％的时间规定，就是要让大家去摸索。人只要是从事自己觉得重要或是自己热衷的事情，工作效率就会很高。这也是由下而上的创新机会。高级管理人员能指示或规定的，毕竟有限。

——克里什纳·巴拉特

Google软件工程师

Google甚至没有规定工程师一定得每周都运用那20%的时间，有些人反而会选择把时间累积起来，然后花1个月左右的时间全心从事自己热衷的计划。这个方法让工程师享有时间弹性，而弹性有时候正是成功开发产品的必要条件。

“Google新闻”就是一个很好的例子。Google新闻是软件工程师克里什纳·巴拉特开发出来的产品。巴拉特就是利用那20%的时间，研发出一种方法，把所有新闻依照类别汇总，即时更新报道然后加以排序，依据每则新闻被报纸或通讯社刊载的次数，把最重要的新闻报道排在最前面。然后还可以根据读者所在的地点或偏好，进行个性化的新闻排序。

另外一个例子是提供比价服务的Froogle，这项服务可以让用户依照产品类别、价格、性质，比较各家网上零售商出售的商品。一开始这只是利用 20%时间进行的小计划，等到这项计划大受 Google 员工欢迎之后，佩奇和布林才指定一组工程师开发这项产品。拜这项 20%时间规定所赐，许多类似的创新就这样不断从 Google 冒了出来。

Google 仍然持续扩大自己的核心业务。2004 年 4 月 1 日，Google 宣布要给用户提供不同形态的电子邮件服务，名为 Gmail。每个 Gmail 账户都有 1G 的容量，这个容量大约是微软邮箱容量的 500 倍、雅虎邮箱的 250 倍。一开始，大家不确定这是精心设计的愚人节玩笑，还是真有其事，但是最后每个人都了解到，这的确是 Google 要提供的服务。众人的焦点随后转移到另一件事上，因为 Google 打算在 Gmail 浏览网页的右边刊登小幅的付费广告，只要电子邮件里出现特定字眼，广告就会自动出现。各方团体都认为此举侵犯了隐私，并且招致大量的负面报道。随着使用者越来越熟悉并且喜欢 Gmail 的功能，对广告的疑虑也就越来越少，但是在抗议声音消退之前，Google 不得不详细说明公司的隐私保护措施。

另外一个 Google 一直努力要处理的课题是，过滤搜索结果里的色情内容。有些使用者会主动使用 Google 来搜索色情内容。对于这样的搜索，Google 并没有意见。Google 甚至靠销售与性相关的广告来创造收益。但与此同时，如果用户不是真的要搜索色情信息，Google 就会尽量防止色情内容出现在搜索结果中。Google 推出了一项名为“安全搜索过滤器”的功能，希望能阻挡所有不当的内容，不让这些内容出现在搜索结果中。Google 也明确宣示接受或拒绝广告刊登的标准。Google 拒绝的广告包括烈酒、啤酒、政治攻击、香烟、枪械、弹药、禁药、烟火、雷达侦测器，以及其他多种产品。Google 把这项做法当作公司的声明，以此说明公司认定的理想社会标准。

六　网上竞标完成 IPO

佩奇和布林一直尽量拖延 Google 上市的时间。他们很清楚，一旦微软和雅虎等竞争对手得知 Google 的获利情形，竞争的压力就会迅速涌现。问题是，依据美国证交法的规定，Google 的资产与股东人数已经达到了门槛，必须公布财务报表。既然一定要公开财务信息，那么让 Google 公开上市也就顺理成章了。而且这么一来，也可以让员工更方便地把手中持股转换成现金。

关键思维

对大多数硅谷的创业家来说，股票首次公开发行是最终的梦想，这是让自己沐浴在闪光灯下的时机，也是用钱来验收自己价值的时刻。但是布林和佩奇恰恰相反，他们喜欢享有隐私、喜欢自由，也乐得让分析师和竞争对手一直低估Google的绩效。因为Google没有债务、自行筹资，而且现金充裕，所以他们不必在公开市场发行股票集资。在他们眼中，上市唯一的好处是，他们会有更多资源可以扩大并且实现自己对Google的愿景。如果佩奇和布林要让Google上市并且放弃隐私的话，一定得让他们按照自己的方式来进行。

——大卫·怀斯　马克·马西德

在过去，整个股票上市的过程，都是由华尔街的投资银行小心翼翼地掌控。投资银行会决定上市价格、决定哪些申购人得标、举办上市前说明会，而且会事必躬亲地管理所有上市的细节。投资银行会刻意压低新股上市的价格，因为这样股票会比较容易销售，而且股价会在第一个交易日就一飞冲天，可以让投资银行证明自己的睿智。相对地，即将上市的公司则会希望尽量拉高股价，因为这会决定自己能够募得多少资金以及企业整体的市值。佩奇和布林觉得，数学方程式、软件和技术更值得信赖，不必把整个股票上市的过程交由老旧的投资银行来主导。

Google 因此决定，要接受潜在投资人的网上竞标，然后根据竞标结果来制定股价与销售股票。只要出价高于或等于最后定价就可以获得配股，不会有任何偏袒，也不会受到投资银行的影响。突然之间，数百万 Google 使用者开始认真考虑要买几份 Google 的股票，其中很多人一辈子从来没有买过上市公司的股票。除此之外，Google 没有为股市大户举办任何上市前说明会，而是把首次公开发行的信息公布在自己的网站上，让所有人都可以看到。

Google 用这种与众不同的方式发行股票，其后来的财务报表也足以证明一切。2004 上半年，Google 创下了营收 14 亿美元与获利 1.43 亿美元的纪录，比前一年营收 5.6 亿美元与获利 5800 万美元的表现还令人满意。佩奇和布林公开宣称，自己打算继续用同样的方法经营Google，上市前后没有差别，而这样的理想主义引发了广泛的注意与评论。

除了要接受美国证券交易委员会的调查，以及Google打算用金融圈眼中的非传统方式募集巨资这两件事，其他问题也纷纷出现。《花花公子》杂志刊登了佩奇和布林的专访，这违反了证交会的规定。证交会规定，股票公开上市之前必须有一段“缄默期”，要上市的企业在这期间不可以作任何公开评论。一家名为Geico的汽车保险公司，控告Google侵犯商标权。Geico宣称，Google的广告系统利用了Geico的商标，得到不当获利。德国也有两家公司提起类似的诉讼。除此之外，雅虎也控告Google，宣称Google侵犯了旗下子公司Overture的专利。如果没办法解决雅虎的诉讼案，Google似乎会被迫改变整个广告收费的方式，而广告收益正是撑起这家公司整体市值的支柱。

眼见股票首度公开发行可能很快就要陷入泥沼，Google 两位关键的创投代表杜尔和莫瑞兹跳出来采取行动。杜尔和莫瑞兹逼迫佩奇和布林解决雅虎的诉讼案，Google 付了 270 万张 Google 股票给雅虎，而且没有表明侵犯专利与否。Google 的律师把《花花公子》杂志那篇专访，当作 Google 提交给证交会的申报登记声明中的附录，等于把专访当作正式公开信息的一部分。证交会对这样的解释基本上表示满意。杜尔和莫瑞兹也宣布，他们已经把股票上市的价格区间，从每股 110 至 135 美元，大砍到每股 85 至 95 美元，以反映 Google 在公开上市过程中受到的重创。两位创投代表还宣布，他们自己的公司会保留手中所有的 Google 股票，不会低价卖掉。这项宣布向市场传递了一个信息，那就是聪明资金都看好 Google 的股价会在未来几个月上涨。这些行动一一奏效，1960 万股的 Google 股票以每股 85 美元的价格上市。2004 年 8 月 19 日，

Google 开始在纳斯达克挂牌交易，而股价也立刻从 85 美元每股跳升到 100.01 美元每股。

关键思维

股票上市让 Google 募集到 16.7 亿美元资金，使这家公司最初的市值达到了 231 亿美元。突然之间，Google 股票的市值高过了许多经营多年、信誉卓著的大企业。最后，Google 新颖的股票拍卖过程，让 Google 达成了当初设定的两大目标之一：由于 Google 根据投资人的竞标价格公平配股，所以主导权还是握在 Google 手中，而不是华尔街手上。股票拍卖的败笔是，没有办法拉高 Google 股票上市的价格。每股 85 美元的价格，使得 Google 流失了许多原本应得的资金。要是股票发行能够更顺利、股价竞标过程能够更简化，又或者 Google 不要坚持一定要在 8 月挂牌交易，可能就可以用更高的价格上市，这家公司也就能够把更多钱存进金库里了。

Google 股票的首度公开发行，代表了硅谷与华尔街之间关系的分水岭。华尔街史上有几桩最大宗的股票首度公开发行，佩奇和布林就完成了其中一桩，不仅主导了整个上市的过程，还赢得了企业领袖一致的尊敬，这些企业领袖自己也曾经接受过华尔街的洗礼。各种揣测不断涌现，大家纷纷猜测这次 Google 上市的例子，开启了科技公司争取上市主导权的新时代，或者只是 Google 这个强势又独一无二的企业最新的代表作。很少有企业可以在这种压力之下，还能像 Google 一样成功完成 8 月的股票首度公开发行。

——大卫·怀斯　马克·马西德

七　让大脑和全球资讯连线

完成股票上市之后，佩奇、布林与施密特重回工作岗位。佩奇接掌产品总裁一职，职务偏重管理日常运营的细节。布林的头衔是技术总裁，职务偏重建立公司的文化、谈判交易，以及拟定长期成长计划。这样一来，身为董事长的施密特就可以全心监督公司运作。对一家成长快速的企业来说，施密特肩头的担子可不轻，他专心致力于提升 Google 的会计与财务系统。

Google 的高级管理团队每周开一次会，讨论相关的作业计划以及资源需求。大多会议在当场就可以作出决定，无需经过冗长迂回的签核流程。佩奇、布林及施密特展现出的一些令人印象深刻的商业技巧，与他们的科技才智相辅相成，这在其他高科技公司是相当罕见的。

Google 在股票公开发行之后持续进行的创

新令人眼前一亮，比如：

（1）2004 年 10 月，Google 推出桌面搜索——一种快速又免费的搜索方式，让使用者可以快速又准确地寻找存放在自己电脑里的各种资料。

（2）接下来，Google 宣布推出卫星地图与导航服务。后续又推出视频搜索，可以根据电视节目的字幕来搜索视频，另外还有手机、掌上电脑和其他移动装置的搜索功能。

（3）推出“Google 建议”功能，用户输入搜索关键字时，搜索引擎会建议一些搜索主题供用户参考。

（4）推出“Google 学者”功能，可以用来搜索科学期刊、文摘、学术论文与技术报告。

（5）Google 推出又快又好的方法，让使用者可以搜索股价、计程车与天气状况。

（6）“Google 地球”软件，让电脑使用者可以借助 3D 影像飞到地球的任何一个角落。Google 后来又增加了一项功能，可以利用类似的技术探索月球表面。

与这些产品一样令人惊艳的，就是 Google 本身。Google 总是有办法想出一项又一项新颖且令人瞩目的产品，这项能力本身就是史无前例的。不过要说到宣传效果，就算是这些令人赞叹的新产品也不够看，因为 Google 在 2004 年 12 月 14 日宣布，打算把密歇根大学、牛津大学、哈佛大学、纽约市立图书馆和斯坦福大学总共 1500 万册藏书数字化，放到网络上供使用者查询。好像这样还不够看似的，Google 还宣布，希望在未来 10 年里，把大约 5000 万本书数字化，并且放到网络上。

Google 打算创造一座庞大的数字图书馆，这个想法引发了全球热议。一方面，这个想法很有可能对人类知识进步造成极大影响，因为这是有史以来第一次，全世界任何地方的学者都能够取得最佳书籍的完整内容。另一方面，这个想法也让出版商与著作权人陷入莫名的恐慌中。

为了处理著作权问题，Google打算只显示与使用者查询直接相关的少数几页内容或文字片段。他们还打算，以无法被复制或打印的电子格式来显示查询结果，并且提供直接链接到可以买得到那本书的书商。为了进一步表达诚意，Google甚至提议与出版社共同分享从中获得的广告收益。Google也宣布，未来将会开发一项专利产品来发行内容，著作权所有人将可以在网络上销售资讯，不必担心安全的问题。出版业对此分歧很大，有人认为Google的计划对出版业有利，也有人不这么认为。

Google还有雄心勃勃的长期计划，要把搜索功能拓展到生物与遗传学领域。佩奇和布林已经示意，他们把Google慈善基金会的目标设定为，让每个人有能力通过预防与治疗疾病，过更聪明、更健康的生活。为了实现这个目标，Google把很多资源投入人工智能以及研发语言翻译的新方法上，以便让大家更容易找到自己所需的资料。Google 也在加速个性化制药时代的到来，因为他们的资料库也把人类基因组的相关资料加进去了。Google 希望最终能够建立一个可供搜索的基因目录，让大家可以用来辨识自己的疾病、了解疾病的发展，然后对症下药。

在其他领域方面，Google 也在寻找环保、可再生的能源，而这种能源最后可以为公司电脑提供所需的电力，然后被整个经济社会采用。佩奇和布林也要求他们的基金会，必须结合协助创业、自力更生以及慈善事业的力量，积极投入救助饥饿与贫穷的社会运动。Google 会定期赞助微额贷款计划，帮助发展中国家的人们取得微额贷款去开创自己的事业。到现在为止，Google 已经捐赠了 20 亿美元以上，提供给需要微额贷款的人。

关键思维

为什么不增强大脑功能呢？你会希望拥有庞大的运算能力。也许在未来，我们可以连上一个小版本的 Google，你只要把这个小版本 Google 挂在头上，就可以随时和大量资讯连线。我们必须开发出时髦的版本，到时候你可以立即取得全世界所有的知识，想想这真是令人兴奋。

——谢尔盖·布林

八　市值最高的媒体

在 2004 年 8 月股票上市时，Google 调节股价维持在每股 100 美元，公司整体市值达到 231 亿美元。大部分分析师预测，Google 的股价会在上市之后下跌，因为有好几百万股股票握在 Google 员工的手中，而且可以在股票首次公开上市 6 个月之后脱手。不过 Google 的股票对这些预测不屑一顾，价格继续上扬，在 2004 年 10 月达到每股 135 美元，2005 年 1 月上涨到每股 200 美元。2005 年 2 月 1 日，Google 公布当季营收超过 10 亿美元、获利 2 亿美元，此时股价上涨到每股 216 美元。以这些股价来计算，Google 的市值超过了 500 亿美元，比美国许多最负盛名的公司还要有价值。

因为 Google 坚持不提供给分析师任何有关

未来盈余的信息，所以金融圈都把 Google 看成是独行侠。不过不管内心有多么迟疑，华尔街许多分析师还是被迫向上修正他们对 Google 股价的预估。这样的修正难能可贵，因为大多数分析师担心 Google 的收入来源只有单一的一项——与免费搜索连动的网络广告。

Google 在 2005 年 5 月 12 日首次召开年度股东大会的时候，受到最新一季度营收 13 亿美元、获利 3.69 亿美元的激励，股价已经超过 225 美元。当 Google 在 2005 年 8 月庆祝股票上市后的第一个生日时，Google 再一次震惊整个金融圈，宣布计划抛出 40 亿美元的股份。Google 抛出股份的手法相当有趣，他们宣布将发行、售出 14159265 股，这个数字是我们常用到的数学圆周率 π（3.14159265）小数点后面 8 位数。Google 在上市的第一年，员工和主要股东总共抛出了价值 30 亿美元的股票。Google 很多早期的员工都成了百万富翁。

投资圈对 Google 的价值评估分歧仍然很大。著名的华尔街分析师马克·马汉尼在 Google 股价达到 135 美元时，建议投资人抛出持有的股票。他跳槽到花旗之后，又对 Google 后市看好，目标价设定在每股 360 美元。其他分析师与评论员对 Google 的看法也同样分歧很大。

关键思维

没有任何公司像 Google 一样受欢迎。只要有小小的意外或广告业务增长趋缓，就足以使 Google 的股票大跌。但是这有关系吗？大概不会有——只要 Google 继续保有独特的风格，就像它的作为所传达的信息一样。但是如果过于相信 Google 的股票会上升到很高的价格，就会有犯下大错的危险。

——英国《金融时报》

Google 的成功也为其他公司带来了正面的

后续影响。2004 年，Google 买下了中国互联网企业百度 2.6％的股份。百度 2005 年 8 月于华尔街上市的时候，很多人把这家公司视为“中国的 Google”。在股票上市交易第一天，百度的股价从 27 美元飙升到 122 美元，这是网络公司泡沫破灭以来，首日交易最大涨幅。大家还记得自己错失了以 85 美元买进 Google 股票的机会，所以不希望因为没搭上百度热潮而让历史再度重演。

就连追踪搜索引擎产业情况的评论员也跟着火热起来。一家英国公司付出 4300 万美元的现金，买下“搜索引擎观察站”，这是搜索引擎大师丹尼·苏利文创立的网站，他持续为全球读者追踪 Google 的动态。也就是说，许多公司和个人把赌注押在搜索引擎产业，这个现象仍然会是大家未来几年谈论的焦点。

关键思维

虽然Google自认为是一家以工程与技术为动力的公司，但是它赚钱的方式还是与大部分媒体公司一样，主要是通过广告营利。讽刺的是，这家主要依靠广告取得利润的公司，自己却几乎没有刊登过任何广告。Google其实也不需要登广告。

——大卫·怀斯　马克·马西德

Google不是一家传统的公司，我们也无意成为传统公司。我们努力把搜索服务做到最好。Google让使用者免费使用搜索结果，拒绝厂商的付费置入，以及以更快的速度更新排名。我们让广告主刊登广告，努力让广告和搜索关键字能有直接的关联性。我们就像在经营一份运营良好的报纸，里头的广告非常清楚，文章内容也不会因为广告主有付费而受到左右。如果经营团队会因为一连串短期目标而失去焦点，这样的团队是不得要领的，就像节食的人每半小时就去称体重一样。套用沃伦·巴菲特的一句话："我们不会去粉饰每一季度或每一年度的财务报表，如果总公司拿到的盈余数字不好看，那么你拿到的财报数字也不会好看。身为投资人，你就是要把有潜在风险的赌注长期押在这支团队上。"

——拉里·佩奇　谢尔盖·布林